Verband für das Deutsche Hundewesen (VDH) e.V.

Grundlagen einer tierschutzgerechten Ausbildung von Hunden

– Gutachten zur Verwendung von Elektroreizgeräten bei der Ausbildung von Hunden aus ethischer und ethologischer Sicht

herausgegeben von:
Verband für das Deutsche Hundewesen (VDH) e.V.

© Verband für das
Deutsche Hundewesen (VDH) e.V.
Mitglied der
Fédération Cynologique
Internationale
1999, 2. Auflage

Westfalendamm 174
44141 Dortmund
Telefon (02 31) 5 65 00-0
Telefax (02 31) 59 24 40

Alle Rechte vorbehalten. Kein Teil dieses Buches darf nachgedruckt, in ein Mediensystem aufgenommen oder übertragen werden, ohne vorherige schriftliche Genehmigung des Verlages.

ISBN-Nr: 3-9801545-3-X

Inhalt

Seite

Vorwort 5

**Ethisches Gutachten zur Verwendung von Elektroreizgeräten
bei der Ausbildung von Hunden** 7
Prof. Dr. Gotthard M. Teutsch

1. Anlaß und Problemfeld 7
2. Von der binnenmenschlichen zur artübergreifenden Humanität . 7
3. Mitgeschöpflichkeit und Humanität heute 9
   (1) Aus theologischer Sicht 9
   (2) Aus philosophischer Sicht 11
4. Mitgeschöpflichkeit als ethischer Leitgedanke
   des Tierschutzgesetzes 13
5. Die Ethik des Tierschutzgesetzes zur Möglichkeit von
   Einschränkungen des Verbotes von Elektroreizgeräten 15

   Literatur 16

**Ethologisches Gutachten zur Verwendung von Elektroreizgeräten
bei der Ausbildung von Hunden** 17
Dr. Dorit Urd Feddersen-Petersen

   Präambel 17
I. Einleitende Gedanken zum Sinn und Ziel
   der Ausbildung von Hunden 18
I.1. Unsere Einstellung zum Haustier Hund 18
I.2. Hunde sind „Kommunikationstiere" – Gegenseitiges Kommunikationslernen in seiner Bedeutung für das Zusammenleben
   Mensch – Hund und als Grundlage weiterführender Ausbildung 23

II. Emotionale Eigenschaften und kognitive Fähigkeiten bei Hunden
   – gibt es vermittelbare Indikatoren zur Erfassung und Bewertung
   hundlicher Befindlichkeiten? 27
II.1. Streß und Empfindungen – Auswirkungen auf das Lernverhalten 30

III. Tierschutzorientierte ethologische und lernbiologische Grundlagen zur Verhaltensbeeinflussung und Ausbildung von Hunden . 35
III.1. Unangemessene Bestrafungsmethoden 46

IV. Einsatz von Elektroreizgeräten bei der Ausbildung von Hunden . 49
IV.1. Apparate, deren Wirkungsweise und Art der Konditionierung .. 51
IV.2. Wer ist ein qualifizierter Anwender, ein ausgewiesener Experte? 53
IV.3. Meinungen zum Einsatz elektrischer Stimulation beim Hundetraining – sind Elektroreizgeräte tiergerecht? 56

V.	Eigene Untersuchungen zum Einsatz eines elektrisierenden Trainingshalsbandes	58
V.1.	Ethologische und tierschutzrechtliche Bewertung eigener Ergebnisse	60
VI.	Rechtsentscheide und Fallbeispiele für die ethologische und tierschutzrechtliche Bewertung von Elektroreizgeräten zur Hundeausbildung	62
VII.	Gedanken zum Schluß	66
VIII.	Schlußfolgerungen	67
IX.	Literatur	69

Vorwort

Die Diskussion über tierschutzgerechte Methoden in der Hundeausbildung – insbesondere im Hinblick auf den Einsatz sogenannter Elektroreizgeräte – wurde bislang von den Vertretern unterschiedlicher Auffassungen überwiegend emotional geführt. Der Verband für das Deutsche Hundewesen (VDH) e.V. schafft als Herausgeber der „Grundlagen einer tierschutzgerechten Ausbildung von Hunden" eine Basis, die Auseinandersetzungen auf die zwingend notwendig wissenschaftliche Ebene zu bringen.

Gerade vor dem Hintergrund der Entstehung einer Rechtsverordnung über Anforderungen an Ziele, Mittel und Methoden bei der Ausbildung, bei der Erziehung oder für das Training von Tieren (Tierschutzgesetz; § 2a Abs. 1a) sind wissenschaftliche Grundlagen für sachgerechte Entscheidungen zum Wohle der Tiere unerläßlich.

Die Diskussion über die Verwendung von Elektroreizgeräten bei der Ausbildung von Hunden nimmt hierbei einen besonderen Stellenwert ein. Deshalb hat der VDH zu dieser Thematik zwei wissenschaftliche Gutachten in Auftrag gegeben. Diese Gutachten liegen nunmehr vor und sind erstmals in diesem Buch abgedruckt.

Die beiden Gutachter sind durch einschlägige Publikationen ausgewiesen. Herr Prof. Dr. Gotthard M. Teutsch war bis 1984 Professor für Soziologie an der Pädagogischen Hochschule Karlsruhe mit Spezialgebiet Soziologie und Ethik der Mensch-Tier-Beziehung sowie Mitbegründer des Archivs für Ethik in Tier-, Natur- und Umweltschutz der Badischen Landesbibliothek Karlsruhe. Er setzt sich mit der Thematik aus ethischer Sicht auseinander. Frau Dr. Dorit Urd Feddersen-Petersen (Universität Kiel) beschäftigt sich seit vielen Jahren als Verhaltensforscherin mit dem Verhalten der Hunde und wurde dadurch einem breiten Publikum bekannt. Sie behandelt diese Thematik aus ethologischer Sicht.

Über die spezielle Problematik der Verwendung von Elektroreizgeräten hinaus sind die beiden Gutachten Grundlage für eine tierschutzgerechte Ausbildung von Hunden. Damit hat dieses Buch nicht nur für die Wissenschaft und für die Entscheidungsträger aus Politik und Verwaltung eine große Bedeutung, sondern stellt auch eine wichtige und wertvolle Lektüre für alle Hundeausbilder dar.

Der VDH als Interessenvertreter aller Hundehalter mit seinen 160 Mitgliedsvereinen und 650.000 Mitgliedern ist sich seiner Verantwortung bezüglich einer tierschutzgerechten Ausbildung von Hunden bewußt. Möge dieses Buch zu einer Versachlichung der Diskussion und für eine fachgerechte Rechtsverordnung über Anforderungen an Ziele, Mittel und Methoden bei der Ausbildung, bei der Erziehung oder beim Training von Tieren einen wichtigen Beitrag leisten.

Uwe Fischer
1. Präsident des
Verbandes für das Deutsche Hundewesen (VDH) e.V.

Ethisches Gutachten

Verwendung von Elektroreizgeräten bei der Ausbildung von Hunden

Eine Stellungnahme aus ethischer Sicht aufgrund von Vorarbeiten und Materialien aus dem Archiv für Ethik im Tier-, Natur- und Umweltschutz der Badischen Landesbibliothek in Karlsruhe. Bayreuth im November 1998. *Prof. Dr. Gotthard M. Teutsch*

1. Anlaß und Problemfeld

Die beabsichtigte Rechtsverordnung nach § 2a Nr. 1a TierSchG zu dem Verbot in § 3, Nr. 11 „ein Gerät zu verwenden, das durch direkte Stromeinwirkung das artgemäße Verhalten eines Tieres, insbesondere seine Bewegung, erheblich einschränkt oder es zur Bewegung zwingt und dem Tier dadurch nicht unerhebliche Schmerzen, Leiden oder Schäden zufügt, soweit dies nicht nach bundes- oder landesrechtlichen Vorschriften zulässig ist", hat unter Ethologen, Tierärzten und tierschutzorientierten Fachverbänden ernste Befürchtungen ausgelöst, die geplante Rechtsverordnung könne zu einer Aufweichung der Verbotsregelung führen.

Da der Gesetzgeber die tierquälerische Wirkung solcher Geräte erkannt und deren Anwendung verboten hat, besteht der Zweck der Rechtsverordnung nur in der Präzisierung. Das Verbot im Rahmen einer solchen Präzisierung gleichzeitig durch Ausnahmen abzuschwächen, widerspräche der Vorschrift in der Ermächtigung gemäß § 2a Nr. 2: Anforderungen an Ziele, Mittel und Methoden bei der Ausbildung, bei der Erziehung oder beim Training von Tieren nur festzulegen, „soweit es zum Schutz der Tiere erforderlich ist."

Demnach könnte man annehmen, daß es sich hier um ausschließlich juristisch zu klärende Fragen handelt. Seit der Gesetzgeber aber im Grundsatzparagraph 1 die „Verantwortung des Menschen für das Tier als Mitgeschöpf" eingeführt hat, ist die so lange offen gebliebene Frage nach der dem Tierschutz zugrundeliegenden Ethik zumindest im Ansatz beantwortet: „Unser Gesetz sieht – das zeigt die Neufassung des § 1 – die Tierschutzethik als Ethik der Mitgeschöpflichkeit." So Albert Lorz in seinem Kommentar (4. Auflage, S. 211).

2. Von der binnenmenschlichen zur artübergreifenden Humanität

Die Aufforderung, das Tier als Mitgeschöpf zu sehen und zu behandeln, gilt demnach als eine Generalnorm, die zu beachten ist, wenn gesetzliche Vorschriften auf dem Wege einer Rechtsverordnung in detaillierte Verhaltensrichtlinien umgesetzt werden.

Was Mitgeschöpflichkeit bedeutet und fordert, darüber hat die Diskussion gerade erst begonnen, muß aber, um eine Verengung zu vermeiden, zuerst aus ihrer geistesgeschichtlichen Entwicklung verstanden werden. Schließlich ist der Gedanke um vieles älter als das Wort, das der Züricher Theologe Fritz Blanke 1959 geprägt hat, um die ethisch unzulässige Reduktion der allgemeinen Menschlichkeit auf eine bloß binnenmenschliche Mitmenschlichkeit deutlich zu machen.

Mitgeschöpflichkeit [1] bedeutet also in unserer Zeit die Wiederöffnung eines zu eng gezogenen Kreises. Blanke drückt es (1959, S. 198) so aus: „Wir sind, ob Mensch oder Nichtmensch, Glieder einer großen Familie. Diese Mitgeschöpflichkeit (als Gegenstück zur Mitmenschlichkeit) verpflichtet. Sie auferlegt uns Verantwortung für die anderen 'Familienmitglieder'. Wir sollen uns teilnehmend um sie kümmern, uns in brüderlicher Gesinnung zuwenden."

Der Eindruck, Mitgeschöpflichkeit sei ein religiöses Konzept, trifft aber nur teilweise zu, denn Mitmenschlichkeit und Mitgeschöpflichkeit sind nur Teilaspekte der Humanität als Ausdruck der helfenden Solidarität mit allen Leidenden, gleichgültig ob Mensch oder Tier. Jedenfalls ist das erste deutsche Tierschutzgesetz nach dem Kriege maßgeblich durch den Gedanken der artübergreifenden Humanität motiviert und geprägt worden. Das ist bei den Beratungen im Bundestag von Sprechern aller Parteien betont worden.

So führte am 12.10.1966 der Abgeordnete Büttner, Fritz Erler zitierend, aus: „Wie in einem Volke die Menschen miteinander und wie sie mit den Tieren umgehen, ob sie bereit sind, Menschen und Tiere, unsere Mitgeschöpfe, vor Grausamkeiten und Leiden zu bewahren, das ist Ausdruck der Humanität und Kulturstufe eines Volkes." Ähnlich äußerte sich am 29.09.1971 auch der Abgeordnete Spillecke: „Das Maß an Sorge, welches wir unseren Mitgeschöpfen, den Tieren, widmen, um sie vor Grausamkeiten und Leiden zu bewahren, ist zugleich Ausdruck unseres Selbstverständnisses von Humanität." Auch anläßlich der 2. und 3. Lesung am 21.06.1972 wurde dieser Gedanke durch den Abgeordneten Löffler ausgesprochen „ ... niemand wird bestreiten können, daß die humane Qualität der Beziehungen in unserer Gesellschaft daran ablesbar ist, welches Verhältnis die Menschen dieser Gesellschaft zum Tier gefunden haben." [2]

Hintergrund dieser Äußerungen ist eine früher nur selten zu Wort gekommene, aber in den letzten Jahrzehnten doch weltweit intensiver gewordene Vorstellung einer die traditionell binnenmenschliche Ethik überschreitenden Humanität.

---

[1] Vgl. G. M. Teutsch: Mensch und Tier, Lexikon der Tierschutzethik, S. 139f.

[2] Für die Aussage des Abg. Büttner s. Protokoll des Deutschen Bundestages 64. Sitzung am 12.10.1966; für Spillecke s. Horst Gerold (1972, S. 84; für Löffler s. Gerold (1972, S. 252).

3. Mitgeschöpflichkeit und Humanität heute

Artübergreifende Humanität und Mitgeschöpflichkeit mögen sich in einigen Punkten unterscheiden, in der ethischen Forderung gehen sie in die gleiche Richtung und erfahren dabei auch die gleichen Widerstände aus der Macht des Faktischen und der Anthropozentrik, die das Tier als verfügbares Mittel zur Erreichung der Zwecke des Menschen versteht.

Der Gesetzgeber hat versucht, die Willkürlichkeit solcher Zwecke zu begrenzen, indem er sie durch den Satz beschränkte: „Niemand darf einem Tier ohne vernünftigen Grund Schmerzen, Leiden oder Schäden zufügen" (§1, Satz 2). Daß der Gesetzgeber hierzu so wenig gesagt hat, ist ein rechtlich zu erörterndes Problem; aber daß die Frage nach der Mitgeschöpflichkeit bisher nicht weiter diskutiert wurde, ist ein Defizit der Ethik insbesondere der theologischen Ethik. Denn wenn man vom Tier als Mitgeschöpf auch in der Philosophie reden kann, so ist es dennoch naheliegend, den ersten Schritt von der Theologie zu erwarten.

(1) Aus theologischer Sicht

Dieser Erwartung wurde dann auch entsprochen, aber außer allgemeinen Appellen gegen die Massentierhaltung und überzogene Tierversuche wurde bis in die achtziger Jahre nichts unternommen, um aus dem Gebot der Mitgeschöpflichkeit ein Konzept mit Leitlinien für das Umgehen mit Tieren zu entwickeln. Versuche in diese Richtung wurden, von Ausnahmen [3] abgesehen, erst in den neunziger Jahren unternommen, und zwar weniger von der Theologie als vielmehr von den Kirchen; hier eine Übersicht:

Text 1: „Zur Verantwortung des Menschen für das Tier als Mitgeschöpf" 1991, ein Diskussionsbeitrag aus der Evangelischen Kirche in Deutschland;

Text 2: „Die Verantwortung des Menschen für das Tier" 1993, eine Arbeitshilfe aus dem Sekretariat der Deutschen Bischofskonferenz;

Text 3: „Ethik der Mitgeschöpflichkeit praktisch: Perspektiven für einen artgerechten Umgang mit Nutztieren" 1998, Tagungsbericht der Evang. Akademie Arnoldshain;

Text 4: „Für ein Ethos der Mitgeschöpflichkeit", Wort der Nordelbischen Evang.-Luth. Kirche zum Welttierschutztag 1998.

Die Stellungnahmen berufen sich alle mehr oder weniger ausführlich auf biblische Aussagen [4], insbesondere die dem Menschen übertragene Herrschaft über die Tiere (1. Mose 28), die nicht als willkürliche Ausbeutung,

---

[3] Vgl. G. M. Teutsch (1983, S. 24–31)

[4] Vgl. G. M. Teutsch: Mensch und Tier, Lexikon der Tierschutzethik, Stichwort „Biblische Tierschutzethik".

sondern als „Sorge des Hirten für seine Herde" (Text 2, S. 18) verstanden wird. Der gottebenbildliche Mensch muß „die Natur mit Humanität behandeln", d. h. er soll „nicht allein die Gerechtigkeit Gottes abspiegeln ..., sondern auch die Güte Gottes, welcher allen gütig ist und sich aller seiner Werke erbarmt" (Text 3, S. 18). Weitere Kernaussagen betreffen

(1) die Wiederherstellung des paradiesischen Schöpfungsfriedens (Text 1, Ziffer 16, Text 2, S. 20) nach der Vision einer neuen Erde, auf der die „Schwerter zu Pflugscharen" werden (Jes. 2,4) und der Friede zwischen Mensch und Tier, ja auch der Tiere untereinander (Jes. 11, 6ff) wieder einkehrt;

(2) die neutestamentliche Entsprechung dieser Vision im Erlösungsgeschehen, das nach Paulus auch die leidende Kreatur in die verheißene „Herrlichkeit der Kinder Gottes" (Römer 8, 18–25) einbezieht (Text 1, Ziffer 16, Text 2, S. 20).

Neben diesen Grundaussagen ist insbesondere das Alte Testament voll von tierschutzrelevanten Hinweisen, enthält aber auch eine Grundnorm, die das Gebot der Mitgeschöpflichkeit schon in sich trägt und die Entwicklung eines normativen Konzeptes ermöglicht: Es ist die Stelle in den Sprüchen 12, 10: „Der Gerechte erbarmt sich seines Viehs ..." oder genauer „Der Gerechte weiß, was sein Vieh braucht...". So wird geforderte Barmherzigkeit als Erkennen und Berücksichtigen der Bedürfnisse des Tieres verstanden: Eine Forderung, wie sie nicht moderner und dem Sachverhalt angemessener formuliert werden könnte, weil sie den Menschen dazu verpflichtet, die artspezifischen Bedürfnisse der Nutztiere zu erforschen und auf Berücksichtigung zu drängen.

Diese Aufgaben sind erst spät erkannt und angepackt worden, eigentlich erst als die nahezu hemmungslose Ausbeutung der Tierwelt bereits im Gang war und aufgrund festgefügter Strukturen nur langsam, mühsam und in extrem kleinen Schritten korrigiert werden kann.

Der Vorwurf des Zuspät-Kommens trifft insbesondere die Ethik, auch wenn inzwischen die Forderung nach artgemäßer Haltung einhellig vertreten wird. Oft wird auch einschränkend nur von „möglichst artgerecht" gesprochen (Text 2, S. 12): deutlicher Hinweis, daß es beim Konflikt zwischen den Nutzungsinteressen des Menschen und dem Wohlbefindensinteresse der Tiere ohne Kompromisse nicht abgeht (Text 4, S. 5). Das schlägt sich auch in der oft defensiven Literatur nieder, und so wird die Mitgeschöpflichkeit mehrheitlich als Forderung nach „Verminderung der Gewalt" verstanden, wenn auch nicht ohne deutliche Warnung vor bequemem Zurückweichen. So heißt es in Text 1, Ziffer 21: „Minimierung von Gewalt ist als Leitlinie nur dann annehmbar, wenn dabei nicht untragbare Zustände in bedauerliche Notwendigkeiten umformuliert und Halbheiten, mit denen man bequem leben kann, schon als Lösungen ausgegeben werden. Es ist nicht Sache der Kirche, die christliche Ethik dahingehend zu prüfen und anzupassen, wie sie mit der menschlichen Schwäche und Bequemlichkeit verträglich ist." Ganz in diesem Sinn fordert Text 4, S. 6 „ein Ethos stetiger, beharrlicher Gewaltminderung, die nie zur Ruhe kommen kann."

Mitgeschöpflichkeit verlangt mehr als nur das Unterlassen von Gewalt, sondern aktive Barmherzigkeit und Humanität gegenüber den unschuldig Leidenden dieser Welt. Zwar wird auch an die Goldene Regel „Was du nicht willst, das man dir tu . . .") erinnert und gefordert, die Werke des lebendig machenden Geistes, nämlich Liebe, Güte, Treue, Sanftmut und Gerechtigkeit im Umgang mit allen Lebendigen zu bewähren (Text 1, Ziffer 12). Aber hier handelt es sich trotz kirchenamtlicher Verlautbarung wohl eher um das Fernziel einer Minderheit, so wie auch die anderen Forderungen der radikalen Mitgeschöpflichkeit (Text 1, Ziffern 17–19).

Die christliche Ethik der Mensch-Tier-Beziehung bezeichnet sich weithin als Mitgeschöpflichkeit, versteht darunter aber im allgemeinen und für das konkrete Verhalten primär die Verminderung der Gewalt. Das zeigt sich deutlich in Text 1, Kapitel „Mitgeschöpfliches Verhalten konkret", Ziffern 20–47 mit Stellungnahmen zu den Themen Schlachtung, Nutztierhaltung, Züchtung, Tierversuche, Jagd, Pelzgewinnung, Tötung von Tieren als Freizeitbeschäftigung, Heim- und Hobbytiere, Tierhandel, Zoo- und Zirkustiere und schließlich die Wildtiere.

Die hier formulierten Forderungen gehen sicher erheblich über die Verbote des Tierschutzgesetzes hinaus, bleiben aber der gemäßigt anthropozentrischen Tradition verhaftet. Immerhin werden aber der Eigenwert der Tiere (Text 1, Ziffern 7 und 14) und ihr Eigeninteresse (Text 3, S. 20) besonders erwähnt.

(2) Aus philosophischer Sicht
Von der Philosophie ist die Mitgeschöpflichkeit als Begriff oder Denkansatz kaum reflektiert worden, vermutlich aus Distanz zu einem der Theologie zugeordneten Thema.

Diese Zurückhaltung betrifft jedoch nicht die Sache und schon gar nicht die Ethik, um die es bei der Mitgeschöpflichkeit geht. Schließlich hat die Philosophie eine eigene Denktradition, die an die Humanität, speziell die artübergreifende Humanität anknüpft.

Schöpfung setzt zwar auf den ersten Blick einen Schöpfer voraus, meint aber auch einfach das Geschaffene oder den schöpferischen Vorgang selbst. Schöpferisch tätig zu sein, ist also nicht nur das zunächst vermutete Erschaffen der Welt, sondern jedes aus eigener Kraft neu und erstmalig Geschaffene wie etwa ein Kunstwerk. Auch die Erschaffung der Welt und ihrer Lebewesen ist Schöpfung aus Schöpferkraft, gleichgültig, ob sie einem Schöpfergott, der Natur oder präziser der Evolution zugeschrieben wird. Schon Helmut Schmidt hat 1979 die „Achtung vor der Schöpfung" mit der Achtung vor der „biologischen Evolution, die sich in Jahrmillionen vollzogen hat", gleichgesetzt.

In der Philosophie war es Hans Lenk, der das Thema (1998) aufgenommen hat: „Konkrete Humanität – Vorlesungen über Verantwortung und Menschlichkeit". Insbesondere von Herder (S. 111–132) und Schweitzer (79–89, 131–136 und 448–452) ausgehend, hat er die Humanität als ethischen Leitgedanken verstanden, konkretisiert und als Forderung erhoben, und zwar nicht nur für den zwischenmenschlichen Bereich, um der wachsenden „Ellenbogenisierung unserer Gesellschaft" (S. 15) entgegenzuwirken, sondern auch im Sinne von Schweitzers biozentrischer Ethik der „ins Grenzenlose erweiterten Verantwortung gegen alles, was lebt" (S. 82). Dieser Vorstellung folgend, hat Lenk auch die Mitgeschöpflichkeit als Humanität verstanden: „Humanität umfaßt die Idee der Mitkreatürlichkeit" (S. 100).

Humanität ist in bezug auf Schweitzers Ethik ein bisher nicht genügend beachtetes Schlüsselwort (S. 139). Aber es geht Schweitzer nicht nur um dieses Wort und die damit verbundene Forderung, sondern er hat versucht, seine Lehre auch zu leben und hat damit vermutlich auch Lenk angeregt, Humanität als konkrete Humanität zu verstehen, die sich im Alltagshandeln bewähren muß, und zwar über die bloße Gesetzlichkeit hinaus (S. 127).

Konkrete und zugleich artübergreifende Ethik ist für Lenk ein Thema von hoher Aktualität, ja es ist Aufgabe der Philosophen, „eine Philosophie der Humanität zu entwickeln oder zu erneuern ... und in die öffentliche Wirksamkeit zu lancieren" (S. 88).

Lenks Darlegungen gehen über eine bloß beschreibende Erörterung der artübergreifenden Ethik weit hinaus; und wenn er einen Katalog zu stellender Forderungen zu entwerfen hätte, würde ein solcher der traditionellen Ausbeutung deutliche Grenzen ziehen.

Tierschutz und die relevante Ethik werden oft nach dem Grad ihrer Radikalität beurteilt, und schon bei der theologischen Betrachtungsweise war von gemäßigter Mehrheitsmeinung und radikaler Minderheit die Rede. Entsprechende Unterschiede gibt es auch in bezug auf die Humanität, die in ihrer normativen Anforderung ebenfalls von gemäßigt bis radikal reicht, wobei es gut ist, sich zu vergegenwärtigen, daß radikal jedenfalls unter ethischem Aspekt etwas anderes bedeutet als etwa militant.

In einer Veröffentlichung aus dem Jahr 1993 (S. 672) habe ich versucht, das Tierschutzdenken in seiner ganzen Breite aus der Humanität abzuleiten und in seine Abstufungen zu verfolgen. Dabei sind vor einer „auch die Tiere einschließenden Humanität" wiederum zwei sehr verschiedene

Zielvorstellungen zu unterscheiden, eine gemäßigte, die uns verpflichtet, „Tiere schonend zu behandeln", und eine radikale, die verlangt, „Tiere gerecht zu behandeln".

„Schonende Behandlung bedeutet, Tiere vor der Zufügung von Schmerzen, Leiden oder Schäden möglichst zu schützen", d. h. den Tieren „keine Belastungen zuzumuten, die über die zulässige Nutzung hinausgehen": eine minimale Forderung nach Unterlassung nicht nutzungsnotwendiger Grausamkeit. Die erste eigentliche Tierschutzstufe verlangt darum zusätzlich, „alles zu tun, um auch die mit zulässiger Nutzung verbundenen Belastungen so weit wie möglich zu reduzieren", wobei die Einschränkung „so weit wie möglich" immer noch erhebliche Ermessensspielräume offen läßt. Erst die nächste Stufe kann gehobene Tierschutzqualität beanspruchen, wenn zusätzlich gefordert wird, daß die anvisierte Schmerzens-, Leidens- und Schädensminderungen durch Verzichte auf besonders belastende Nutzungsformen, auch „Einkommens-, Zeit- und Erkenntnisgewinn" ausgeweitet werden.

4. Mitgeschöpflichkeit als ethischer Leitgedanke des Tierschutzgesetzes

Die Berufung auf die „Verantwortung des Menschen für das Tier als Mitgeschöpf" in § 1 war eines der Ergebnisse der Novellierung von 1986. Dabei ist an ein wichtiges Detail zu erinnern, nämlich den Umstand, daß diese Erweiterung sozusagen in letzter Minute erfolgte und die Abgeordneten vermutlich übersehen haben, daß man am Ende eines Gesetzgebungsverfahrens eine solche qualitativ wesentliche Änderung des richtungsweisenden Grundsatzes doch nur vornehmen kann, wenn die dann folgenden Einzelregelungen den Anforderungen der veränderten Vorgabe angepaßt werden, d. h. in diesem Falle, daß die mitgeschöpflichkeitswidrigen Regelungen durch mitgeschöpflichkeitsgemäße Vorschriften ersetzt werden müssen. Wenn die Ergänzung des Tierschutzgrundsatzes nicht nur als schmückende Leerformel gedacht war, sondern einen Sinn haben soll, dann konnte er nur darin liegen, so bald wie nur möglich eine weitere Novellierung in die Wege zu leiten, um die neu entstandenen Defizite auszugleichen, und zu klären, welche der bisher noch geduldeten Nutzungsgewohnheiten eingeschränkt oder ganz abgeschafft werden müssen.

Der Gesetzgeber hat in dieser Richtung jedoch nichts unternommen und muß sich den Vorwurf machen lassen, in der Theorie wieder einmal viel versprochen, in der Realität aber wenig gehalten zu haben.

Das gleiche Prinzip kommt aber auch in den Details zur Anwendung, indem entweder im Gesetz selbst erlassene Verbote durch zahllose Ausnahmen entwertet oder im Rahmen der jeweiligen Rechtsverordnungen bis zur Wirkungslosigkeit verwässert werden.

Damit sich dieser Vorgang nicht auch im Falle der vorgesehenen Rechtsverordnung zu dem Verbot von Elektroreizgeräten bei der Hundeausbildung wiederholt, ist es die legitime Aufgabe aller an der öffentlichen Meinungsbildung Beteiligten und der fachlich Zuständigen, sich zu äußern. Dazu gehören auch die am Thema beteiligten Wissenschaften, einschließlich der Ethik, die immer dann in besonderer Weise zur Stellungnahme aufgerufen ist, wenn der Gesetzgeber ethisch relevante, aber nicht näher bestimmte Begriffe einführt. Daß Philosophie und Theologie diese Aufgabe nur so begrenzt wahrgenommen haben, macht den Nachholbedarf nur um so dringlicher.

Als ethischer Leitgedanke bringt die Mitgeschöpflichkeit im Grundsatzparagraph des Tierschutzgesetzes zum Ausdruck, das dieses Gesetz nicht etwa aus einer modischen Zoophilie entstanden ist, das bei Änderung der Mehrheitsverhältnisse beliebig verändert oder ganz abgeschafft werden kann. Mitgeschöpflichkeit ist als artübergreifende Humanität sowohl der motivierende Hintergrund des Tierschutzrechtes als auch dessen vorwärtstreibender Motor. Mitgeschöpflichkeit ist ein Gefühl des Wohlwollens, das eigentlich gar keiner Vorschriften bedarf, sondern aus sich heraus überhaupt nicht fähig ist, ein Tier zu mißhandeln, ja sich genötigt sieht, immer dann zu helfen, wenn Tiere leiden. Und hier geht die Mitgeschöpflichkeit als Leitgedanke der individuellen Lebensgestaltung über in einen Wunsch nach Maßnahmen, die da greifen, wo individuelles Handeln nichts mehr vermag.

Nach all diesen Überlegungen wird auch klar, daß es der Mitgeschöpflichkeit nicht um das Verurteilen oder Verbieten ganz bestimmter Formen des menschlichen Fehlverhaltens geht, sondern um alle und auch gegenüber allen Tieren.

Wer den Gedanken der Mitgeschöpflichkeit in ein Tierschutzgesetz einfügt, stärkt damit den Tierschutz im Konflikt mit den Nutzungsinteressen des Menschen. Dies wird gelegentlich bezweifelt, und zwar mit sehr unterschiedlichen Argumenten; einmal, weil der Begriff „Mitgeschöpf" – wenn ernstgenommen – gegen die weltanschauliche Neutralität des Staates verstoße (Dietmar von der Pfordten 1994, S. 280), zum anderen weil er ohne religiösen Bezug, seinen ethischen Begründungsansatz verlöre (Werner-Christian Jung in „Ethik der Mitgeschöpflichkeit..." 1998, S. 16).
Da die Begriffe „Mitgeschöpf" und „Mitgeschöpflichkeit" nur eine Schöpfungsmacht wie etwa die Natur oder Evolution aber nicht notwendigerweise einen Schöpfergott voraussetzen, kann ihr Gebrauch auch nicht gegen die weltanschauliche Neutralität des Staates verstoßen. Das gilt auch dann, wenn der christliche Schöpfungsglaube daneben und gleichberechtigt einen eigenen Stand hat. Neutralität verbietet weder das eine noch das andere, sondern toleriert beides.

Der Umstand, daß der Begriff „Mitgeschöpf" etwa vor 200 Jahren, der Begriff „Mitgeschöpflichkeit" sogar erst 1959 geprägt wurde, erlaubt es, die beiden Vorstellungen nicht nur inhaltlich, sondern auch von der Entstehungszeit her als Spezialformen der Humanität anzusehen, die ihrerseits weit in die Vergangenheit zurückreicht, gleichgültig ob man den Ausgangspunkt in der biblischen Barmherzigkeit, dem buddhistischen Mitleid oder dem pythagoreischen Schonungsgebot sucht.

Wenn also Mitgeschöpflichkeit als eine die Rücksicht auf Tiere einschließende artübergreifende Humanität zu verstehen ist, dann befinden wir uns auf dem Boden, auf dem auch die Mitglieder des Deutschen Bundestages standen, als sie den Tierschutz 1972 reformierten. Daß sie sich damals für die Humanität entschieden und nicht für die Mitgeschöpflichkeit, hängt sicher damit zusammen, daß der Begriff Mitgeschöpflichkeit erst in den späten siebziger Jahren bekannt und sein Inhalt rezipiert wurde.

5. Die Ethik des Tierschutzgesetzes zur Möglichkeit von Einschränkungen des Verbotes von Elektroreizgeräten

Der Abbau eingefahrener Mißstände ist eine der schwierigsten Aufgaben der angewandten Ethik. Um so wichtiger ist es, den Anfängen neuer Mißstände zu wehren und der Aufweichung mühsam errungener Fortschritte entgegenzutreten. Dies erfolgt auf zwei Ebenen: der Sachverhaltsebene, auf der die Belastung geklärt wird, die den betroffenen Tieren im Falle einer Verbotslockerung zugemutet wird, und der ethischen Bewertungsebene, auf der geklärt werden muß, ob es für etwaige Ausnahmeregelungen ausreichend vernünftige Gründe gibt.

Unabhängig von jeder weiteren Erörterung der Sachverhaltsfrage, die nicht Gegenstand dieser Stellungnahme sein kann, ist davon auszugehen, daß der Gesetzgeber gute Gründe hatte, das Verbot in § 3. Nr. 11 auszusprechen: Die Belastung der betroffenen Tiere, durch die Nicht-Verhaltensgerechtheit der Methode steht außer Frage. Die bloß schnellere und vereinfachte Gehorsamserziehung zugunsten des Trainers bzw. Besitzers, ist kein Zweck, der die Elektroreizmethode rechtfertigen könnte.

Im übrigen sind es gelegentlich nicht nur tierethische Überlegungen, die hier zu bedenken sind, sondern auch Fragen der Individualethik, denn es stellt äußerst hohe Anforderungen an die Charakterfestigkeit eines Tiertrainers, nicht gelegentlich der Versuchung zu erliegen, den gewünschten Erfolg durch Steigerung der Reize schneller herbeizuführen: Zu leicht kann aus einem Erziehungsmittel ein Macht- oder Strafmittel werden. Fachliche Kompetenz und Sachkundenachweis sind zwar Voraussetzung für tierschutzgerechte Anwendung, aber keine Garantie.

Endlich ist zu bedenken, daß in die enge Mensch-Tier-Beziehung zwischen „Lehrer und Schüler" ein technischer Apparat eingeführt wird. Normale menschliche und emotional verständliche Äußerungen des Trainers werden in einem nicht unerheblichen Umfang durch Elektroreize ersetzt, die dem Tier fremd und unverständlich sind. Derzeit ist die Erziehung der Hunde eine Leistung, die viel Erfahrung, Einfühlungsvermögen und Zuwendung verlangt, die Einführung der Technik könnte diese Leistungen zurückdrängen und die Mensch-Tier-Beziehung stören.

Ein ausreichend vernünftiger Grund, daß in § 3, Nr. 11 ausgesprochene Verbot zu lockern, ist aus ethischer Sicht nicht erkennbar.

Literatur

Blanke, Fritz (1959): Unsere Verantwortlichkeit gegenüber der Schöpfung. In: Der Auftrag der Kirche in der modernen Welt. Festgabe zum 70. Geburtstag von Emil Brunner, S. 193–198. Zürich und Stuttgart: Zwingli Verlag.

Ethik der Mitgeschöpflichkeit praktisch: Perspektiven für einen artgerechten Umgang mit Nutztieren. Herausgegeben von Elisabeth Hartlieb. Arnoldshainer Protokolle 1, 98. Ev. Akademie Arnoldshain in 61389 Schmitten/Ts.

Für ein Ethos der Mitgeschöpflichkeit. Wort der Kirchenleitung der Nordelbischen Evangelisch-Lutherischen Kirche zum Welttierschutztag 1998.

Gerold, Horst (1972): Tierschutz. Frankfurt: Athenäum Verlag

Lenk, Hans (1998): Konkrete Humanität. Vorlesungen über Verantwortung und Menschlichkeit. Suhrkamp Taschenbuch Wissenschaft 1250. Frankfurt. Suhrkamp.

Lorz, Albert (1992): Tierschutzgesetz. 4. Auflage, München: C. E. Beck.

Pfordten, Dietmar von der (1996): Ökologische Ethik. Reinbek: Rowohlt. Rowohlts Enzyklopädie 567.

Schmidt, Helmut (1979): Ansprache. In: Reden zur Eröffnungsveranstaltung der Europaratskampagne 1979/80 zum Schutz der Tier- und Pflanzenwelt und ihrer natürlichen Lebensräume am 19. Oktober 1979 in Erlangen. Herausgegeben vom Deutschen Naturschutzring, Bonn.

Teutsch, Gotthard M. (1979): Ein neues Wort stellt Forderungen: „Mitgeschöpflichkeit". in: Deutsches Pfarrerblatt, Jg. 79, Eeft 23, S. 738–740.

Teutsch, Gotthard M (1983): Tierversuche und Tierschutz. München: C. H. Beck. Beck'sche Schwarze Reihe 272.

Teutsch, Gotthard M. (1987): Mensch und Tier, Lexikon der Tierschutzethik. Göttingen: Vandenhoeck & Ruprecht.

Teutsch, Gotthard M. (1993): Wiedererwägung der Frage nach dem ethischen Aspekt des Umgehens mit Tieren. In: Tierärztliche Umschau 1993, 10, S. 672.

Teutsch, Gotthard M. (1995): Die Würde der Kreatur – Erläuterungen zu einem neuen Verfassungsbegriff am Beispiel des Tieres. Bern, Stuttgart, Wien: Verlag Paul Haupt.

Zur Verantwortung des Menschen für das Tier als Mitgeschöpf. Ein Diskussionsbeitrag des Wissenschaftlichen Beirates des Beauftragten des Rates der Evangelischen Kirche in Deutschland, 2. Auflage 1992. EKD-Texte 41. Herausgegeben vom Kirchenamt der EKD, Herrenhäuser Str. 12, 30419 Hannover.

Die Verantwortung des Menschen für das Tier: Positionen, Überlegungen, Anregungen. Arbeitshilfen 113. Herausgegeben vom Sekretariat der Deutschen Bischofskonferenz. Bonn 1993, Kaiserstr. 163.

Ethologisches Gutachten zur Verwendung von Elektroreizgeräten bei der Ausbildung von Hunden

Analyse und Diskussion relevanter Aspekte der Verhaltensbiologie, insbesondere der Lernbiologie, der Hund-Mensch-Kommunikation sowie des Tierschutzes

Dr. Dorit Urd Feddersen – Petersen (Ethologin)
Fachtierärztin für Verhaltenskunde und Tierschutzkunde
Institut für Haustierkunde der Christian-Albrechts-Universität zu Kiel

Präambel

„Ich bin der Ansicht, daß wir eine tiefsinnige und nachdenkliche Verhaltensforschung benötigen, um den Leuten mehr aufzeigen zu können, was sie Nichtmenschen antun, und ihnen ihre moralische und ethische Verpflichtung den Tieren gegenüber bewußtzumachen" (Marc Bekoff 1997).

Nach dem neuen Tierschutzgesetz (im folgenden TierSCHG) vom 1.06.1998 ist es verboten, ein Gerät zu verwenden, daß durch **direkte Stromeinwirkung** das artgemäße Verhalten eines Tieres, insbesondere seine Bewegung erheblich einschränkt oder es zur Bewegung zwingt und dem Tier dadurch nicht unerhebliche Schmerzen, Leiden oder Schäden zufügt (§3 Nr. 11 neu). Damit sind insbesondere **elektrische Dressurhilfen**, Bewegungsmaschinen oder Kuhtrainer gemeint, die bei Pferden oder **Hunden zu Gehorsam oder Bewegung** führen sollen, **aber in der Regel durch andere schonendere Mittel** ersetzt werden können.

Zudem wird das Bundesministerium ermächtigt, **Anforderungen an Ziele, Mittel und Methoden bei der Ausbildung, bei der Erziehung oder beim Training von Tieren festzulegen** (§ 2a Abs. 1a neu). Auch dies betrifft gemäß Begründung des Regierungsentwurfes insbesondere den **Hunde-** und Pferdesport. Im deutschen Tierschutzgesetz wird dem Menschen geboten, in seiner Obhut befindliche Tiere nur so auszubilden, daß **Schmerzen, Leiden oder Schäden** vermieden werden. Auch in der Natur können Tiere Schmerzen empfinden oder leiden. Dies ist jedoch kein Argument zur Rechtfertigung eines Leidens, das durch menschliche Behandlung verursacht wird, so etwa bei Verwendung von Elektroreizgeräten zur Hundeausbildung. Befindlichkeiten bei Tieren, also Schmerzen, Leiden und die Folgen physischer und psychischer Schäden, sind nicht direkt meßbar. Sie können jedoch über Indikatorenkonzepte der Ethologie benannt und in ihrer Erheblichkeit beurteilt werden (*Schmitz 1995; Buchholtz et al. 1998*).

Diese (nicht unproblematischen) Begriffe im TierSCHG, die tierliche Befindlichkeiten benennen, werden heute als Ausdruck eines physiologischen Balancesystems verstanden: Nach dem Homöostase-Prinzip gelingt es dem Organismus nicht mehr, einen Gleichgewichtszustand zu erreichen (*Buchholtz*

1996). Indikatoren, die Mängel aufzeigen, finden wir im Verhalten von Tieren schon **bevor** körperliche Schäden entstehen. Ethologische Forschungen sind gefragt, wenn es um den Begriff des „erheblichen Leidens" geht, also um die Frage nach der (graduell unterschiedlichen) Überforderung tierlicher Regelsysteme (*Buchholtz 1996*).

Da sich jedes gestörte Verhalten, zu definieren als mißlungener Anpassungsversuch an Umweltgegebenheiten oder fehlgeschlagene Bewältigungsstrategien (*Wechsler 1993*), in der Individualgenese eines Tieres aus seinem normalen Verhaltensrepertoire entwickelt, müssen zu unterschiedlichen Zeitpunkten der Genese Übergänge zwischen Normalverhalten, abweichendem und gestörtem Verhalten zu finden sein. Es gibt keine Trennlinie des Überganges von abweichendem in gestörtes Verhalten, unsere Diagnose muß demnach immer eine Verlaufsdiagnose sein (*Schmitz 1995*), die somit beinahe zwangsläufig zu einem bestimmten Zeitpunkt nicht alle zu erwartenden Symptome bekannter psychischer Krankheitsbilder aufweist.

So gilt es zunächst, **Kenntnisse zum Normalverhalten von Hunden** zu vermitteln. Da Hunde in sozialer Symbiose mit Menschen leben, ihre Entwicklung abhängig von menschlicher Zuwendung ist und ihr Verhalten insgesamt maßgeblich von letzteren beeinflußt wird, ist eine kurze Erörterung der **Mensch – Hund – Beziehung** unverzichtbar. Dieses gilt gleichfalls für die **Kommunikation** zwischen den beiden Arten wie für das **Lernverhalten** von Hunden und deren **Konditionierung**.

Beispielhaft soll dann anhand von Kriterien überprüft werden, ob die Verwendung von **Elektroreizgeräten bei der Hundeausbildung zu einer erheblichen Beeinträchtigung in der zentralen Verhaltensorganisation führt oder unter welchen Gegebenheiten sie von „erheblichem Leiden" begleitet oder gefolgt sein kann**. Eine Analyse der zugrundeliegenden Ursachen und Entwicklungen erfolgt abschließend.

I. Einleitende Gedanken zum Sinn und Ziel der Ausbildung von Hunden

I.1. Unsere Einstellung zum Haustier Hund

„Wohl kaum ein anderes Haustier wird von uns so emotionsüberladen, so unsachlich und, weit entfernt von biologischen Zusammenhängen, so anthropomorph eingeschätzt wie der Hund. Die Du-Evidenz gegenüber Hunden, die als hochsoziale Lebewesen dem Sozialpartner Mensch Kumpan wurden, drängt sich offenbar auf. Immer wieder wird Hunden unterstellt, was sie sich denken oder welcher Stimmung sie unterliegen, führen sie ein Verhalten aus. Und es ist für die meisten von uns wohl unvermeidbar, sozio-integrative oder soziostabilisierende Verhaltensweisen wie die „aktive Unterwerfung" (*Schenkel*

1967) bei der Begrüßung mit Begriffen für menschliche Empfindungen zu belegen („er / sie freut sich, schämt sich etwas" u. a.), während einer Kuh vergleichsweise selten Freude oder Leid zugestanden wird. Selbst Personen, die sich mit großer Aufmerksamkeit dem Verhalten von Hunden widmen, weichen oftmals von der deskriptiven Darstellung in eine interpretierende ab, was ihnen ansonsten nicht passiert und in Situationen, wo dieses keineswegs zwingend erscheint (*Feddersen-Petersen & OHL 1995*).

Die Beziehung des Menschen zum Haustier Hund ist in hohem Maße von emotionalen und funktionalen Anteilen geprägt. Hier offenbart sich das Bedürfnis nach Geselligkeit, einem Kommunikationspartner oder gar einem Partnerersatz, der soziale und emotionale Lücken im jeweiligen menschlichen Sozialgefügen schließen soll. Diese mit der Hundehaltung häufig verbundene Funktionalisierung bzw. Instrumentalisierung der den Tieren zugeschriebenen Eigenschaften führt nicht selten zu Fehlinterpretationen des Verhältnisses zum Tier und bringt beinahe zwangsläufig auch Haltungs- und Umgangsdefizite auf den verschiedensten Ebenen mit sich. Unsere Haustiere sind uns wohl fremd geworden, denn nur zu oft setzen wir Erwartungen in sie, die sie schlicht nicht erfüllen können, eben weil sie Tiere mit „art"eigenen (besser: haustiereigenen) und rassegebundenen Verhaltensweisen und daraus resultierenden Ansprüchen sind. Gerade Hunde werden häufig so anthropomorph gesehen und damit völlig mißverstanden. So resultieren Probleme, die als Ausdruck einer Überforderung der hundlichen Anpassungsfähigkeit zu werten sind und in extremen Fällen zu Verhaltensstörungen führen können.

Die Liebe zum Hund ist jedoch nicht selten anthropozentrisch, hört mitunter schnell auf, wenn der Hund sich vermeintlich „fehlverhält". Und das Reden mit den Tieren ist eben häufig keine Interaktion im Sinne artübergreifender Kommunikation, vielmehr überwiegend so etwas wie eine Manipulation einer Art durch eine andere mittels Signalverhalten. Diese Präzisierung wird dann wichtig, wenn die Gefahr besteht, „unverstandene" Verhaltensweisen des Hundes mit vorgefertigten menschlichen Erwartungshaltungen zu erklären. So resultiert zwangsläufig eine Verstärkung bestehender Probleme. Wer versteht das Ausdrucksverhalten seines Hundes? Wer hat sich der Mühe unterzogen, Kommunikation unter Hunden zu beobachten, um so ein „Verstehen" der Signalsysteme dieser Haustiere durch Beobachtung der Wirkung auf Artgenossen zu erreichen? Eher die Minderheit der Hundebesitzer.

Die Motivationen, Modalitäten und Konsequenzen artübergreifender Interaktion werden wissenschaftlich zunehmend analysiert, so gibt es Untersuchungen zu den inneren Antrieben und Bereitschaften interagierender Menschen und ihrer Hunde (*Grahovac 1998*). Die Umstände oder Erscheinungs- und Ausführungsformen dieser zwischenartlichen Kommunikation sowie schließlich die kurz- oder längerfristigen Auswirkungen, bedingt durch den Signalaustausch beider, berühren Bereiche, deren Analyse immer noch weitgehend umgangen wird: Empfindungskorrelate oder einacher ausgedrückt, Gefühle.

Gefühle werden als Gegenstand wissenschaftlicher Untersuchung zwar zunehmend, doch noch sehr zögerlich akzeptiert, vielfach noch als nur der Introspektion zugänglich betrachtet. Man beginnt, sie zu benennen, ohne allgemein Gefahr zu laufen, sogleich als „unwissenschaftlich" stigmatisiert zu werden. Dennoch fehlen Versuche auf breiterer Basis, um ihnen endlich ethologisch und experimentalpsychologisch „näherzukommen".

Zudem ist eine **zunehmenden Konsumhaltung** im Umgang mit Hunden auffällig. Sie nutzen (oder werden benutzt) zur Selbstdarstellung, als Ersatz sozialer Lücken und als Prestigeobjekte. Hunde sollen im Hundesport erfolgreich sein, nicht selten stellvertretend für ihren Ausbilder. Und dabei ist der Ehrgeiz mitunter immens. Nicht allein in einem Leserbrief in der SV-Zeitung 8 / 98 wird die Bedeutung „neuer Technologien" für die erfolgreiche Schutzhundeausbildung gerühmt. Wie die hier vorgetragenen Ausführungen, so suggerieren viele Auffassungen die **Unverzichtbarkeit von Elektroreizgeräten für eine „erfolgreiche" Ausbildung, unerläßlich für den „Siegerhund"**. Abgesehen von einem erschreckenden Mangel an Respekt vor dem Leben der uns anvertrauten Tiere und Sorge um deren Wohlergehen, Erwägungen und Gefühle, die an erster Stelle bei allen Überlegungen stehen sollten – und nicht allein der Respekt vor der **Rolle**, die wir ihnen gern in unserem anthropozentrischen Weltbild geben wollen, überraschen ein großes Ausmaß an Bedenkenlosigkeit und Überheblichkeit. Die unsachgemäße Anwendung von Elektroreizgeräten und der damit verbundene tierquälerische Mißbrauch wird von anderen zwar erwähnt, jedoch offenbar als negative, dennoch unvermeidliche Begleiterscheinung toleriert.

„Wissen ist objektivierbar und grundsätzlich allen zugänglich, subjektive Erfahrung dagegen nicht oder kaum. Alle, die mit Tieren in irgendeiner Form zu tun haben, beanspruchen für sich ein Tierverständnis. Daß dieses Tierverständnis aber sehr kontrovers sein kann, wird besonders dann deutlich, wenn darüber diskutiert wird, welche Einschränkungen und Belastungen eine bestimmte Tiernutzung für ein Tier bringt und wie diese bezogen auf den Tierschutz zu bewerten sind" (*Stauffacher 1993*). Eine ausgeprägte Anthropozentrik leitet daraus nicht nur die umstrittene Sonderstellung des Menschen, sondern auch eine mit weitgehenden Nutzungsrechten verbundene Vorrechtsstellung ab.

Schließlich sei auf das Paradoxon des Angebots von Seminaren zur Ausbildung mit Elektro-Impulsgeräten verwiesen – bei Beschlußfassung sämtlicher VDH-Gremien **gegen** eine generelle Verwendung von Elektroreizgeräten. Jagdhundeausbildung ohne Einsatz elektrisierender Geräte ist für viele Ausbilder gleichfalls nicht möglich bzw. wird als nicht erfolgreich durchführbar eingeschätzt.

Auch wird immer häufiger (im Zeitalter der knappen Zeit) an inadäquate Lebens- und Ausbildungsbedingungen adaptiert, wenn nötig mit entsprechenden Hilfsmitteln (elektronische Hilfen zur Hundeausbildung, Anti-Bell-Halsbänder u. a.). Es sollte umgekehrt sein: Die Umgebungs- und Ausbildungsbedingungen müssen den tierlichen Möglichkeiten entsprechen und ihnen angepaßt werden.

In unserer pluralistischen Gesellschaft liegen bekanntlich die Ziele und Möglichkeiten auch in der Tierhaltung und im Umgang mit Tieren im Widerstreit, weil sie von sehr verschiedenen Interessen begleitet werden.

Ethologen, die auf dem Gebiet der Tierhaltung und des Umgangs mit Tieren arbeiten, tragen eine große Verantwortung, da wissenschaftliche Erkenntnisse durchaus zum Vor- wie zum Nachteil der Tiere verwendet werden können. Für die Haustierforschung bedeutet dieses eine Bindung der Ethologie an das **ethisch begründete Tierschutzgesetz, ein Berufen auf ethische Normen, bezogen auf das in der Gesellschaft herrschende Wertesystem.**

Die Lösung von Problemen, die zu Verhaltensauffälligkeiten oder -störungen führen können, liegt sicherlich nicht in der vordergründigen Therapie von Symptomen des betreffenden Hundes, sondern sie fordert den Menschenpartner bzw. die Familie mit Hund. Hier gilt es, ein Überdenken bzw. Umdenken der Beziehung zum Tier zu bewirken, den Umgang mit dem Hund situativ gezielt zu verändern und sukzessive zur Genese der Störung vorzudringen. Oft liegt ein Mißachten verhaltensbiologischer Grundbedürfnisse des Tieres vor, was selten absichtlich geschieht, vielmehr auf fehlende Kenntnisse des Hundehalters zurückzuführen ist. Hundeverhaltens -Therapie ohne Gespräche mit dem (den) Menschenpartner(n) kann kaum erfolgreich sein, denn sie erfordert die Kenntnis der gesamten Lebenssituation des Tieres und die Analyse des schwierigen Beziehungsgeflechts Mensch – Hund. Erst dann, wenn die Ursachen erkannt sind, sollte der Tier-Verhaltenstherapeut (Tierarzt mit Zusatzausbildung oder Zoologe mit entsprechender Weiterbildung) mit anerkannten Methoden (lernbiologischen und lerntheoretischen Methoden) das Problem behandeln. Verhaltensmodifikationstechniken (über Shaping, Operante Konditionierung, Extinktion u. a.) sind nicht selten zeitaufwendig, da „ritualisiertes Fehlverhalten" außerordentlich formkonstant sein kann.

Verhaltenskorrekturen in Hundeschulen ist vorsichtig zu begegnen, da die „Kynopädagogen" oder „Hundepsychologen" von ihrer Qualifikation her nicht einzuschätzen sind. Eine staatlich anerkannte Grundausbildung für „Hundeausbilder" ist überfällig, um diesen Berufszweig aufzuwerten und so vor Imageschaden durch „schwarze Schafe" zu schützen (*Mittlg. Goldhorn*).

Zum Therapieverfahren schreibt *Schwitzgebel* (1991): „Die Behandlungsmethode wird dem Hundehalter dargelegt und ihre Wahl plausibel begründet. Um den Tierhalter in die Lage zu versetzen, die Behandlung selbständig durchführen zu können, werden die dazu notwendigen Techniken gemeinsam praktisch geübt. Während der Behandlung führt der Besitzer, wenn möglich, ein

Verhaltensprotokoll. Dies ermöglicht die Kontrolle des Behandlungsverlaufs und dient als Motivationshilfe für den Hundehalter. Der Besitzer wird während der ganzen Behandlungsdauer weiter betreut (Telefon, Hausbesuche), um gegebenenfalls notwendige Anpassungen des Therapieverfahrens vorzunehmen".

Verhaltensauffälligkeiten oder gar -störungen mit Hilfe einer „Heildressur", die bei Abwesenheit der Hundehalter in fremder Umgebung (Hundeschulen, Ausbildungsstätten) unter Einsatz von Elektroreizen durchgeführt wird, zu „behandeln", halte ich verhaltensbiologisch für kontraindiziert und hochgefährlich (Gefahr der Erzeugung von Angstproblemen, Bindungsproblemen zwischen Hund und Hundehalter u. a.). In ihren Auswirkungen schätze ich die „Heildressur", wie in dem Büchlein „Teletakt-Gerät, Zaubermittel oder Quälerei" (*Heßling 1997*) beschrieben, vielfach als tierschutzrelevant ein. Der theoretische Teil des Buches, von einem Fachmann geschrieben, wie postuliert wird, weist so viele gravierende Fehler auf, die belegen, daß das Lernverhalten von Hunden gar nicht verstanden wurde. So ist bereits fraglich, ob dieses „potentiell gefährliche und grausame Gerät" (*Askew 1993*) hier von einem **Fachmann** eingesetzt wird.

Unstrittig ist allerdings auch, daß es zunehmend Hundehalter gibt, die neue Wege im Umgang mit ihrem Tier beschreiten, deren Ausbildungsmethoden auf verhaltensbiologischen Ergebnissen basieren und die weder versachlichend noch unter Einsatz „moderner Technologien" Hundeverhalten modifizieren. Hier seien die „Welpengruppen" aufgeführt sowie alle Gruppierungen und Vereine, in denen **theoretisch wie praktisch** im Umgang mit dem eigenen Hund sowie in der Beobachtung seines Verhalten Artgenossen wie Menschen gegenüber die verhaltensbiologischen Grundlagen zum tiergerechten Hundetraining erworben werden.
Die Einstellung zum Hund ist somit außerordentlich variabel und verdient eine entsprechende Betrachtungsweise.

Unstrittig ist auch, daß Hunde einen großen sozialen Nutzen haben. Im alltäglichen Zusammenleben wird erkennbar, daß vor allem die sozial-emotionale Beziehung für Menschen an Bedeutung gewinnen kann.
Das Zusammenleben mit Haustieren wird wichtiger, so finden Psychologen heraus. Menschen können sich in einer bloß urban und technologisch geprägten Umwelt weder persönlich noch geistig und emotional voll entwickeln (*Fuchswans 1998*).

I.2. Hunde sind „Kommunikationstiere"

– Gegenseitiges Kommunikationslernen in seiner Bedeutung für das Zusammenleben Mensch – Hund und als Grundlage weiterführender Ausbildung

Ein wesentlicher Bestandteil für die Fähigkeit von Wölfen, Stammart aller Haushunde, langfristige Sozialbeziehungen zu etablieren, ist zweifelsohne ihr hochentwickeltes Kommunikationssystem. Dieses bedient sich verschiedener Kanäle und enthält Charakteristika, die sowohl für eine selektive als auch umfassende Informationsübertragung sorgen. Dieses gilt grundsätzlich auch für Hunde. Ihr wichtigster Kommunikationspartner ist in der Regel der Mensch, eine Art, der sie sich infolge Jahrtausende währender Domestikation und Zucht zunehmend auch kommunikativ „näherten": die meisten Hunderassen vokalisieren häufiger und im Bereich des Lautsystems Bellen differenzierter als Wölfe, entwickelten Änderungen in ihrer Kommunikation, die sich an Belange des Zusammenlebens mit Menschen bzw. direkt an diesen richten.

Unser Ausdrucksverhalten kann Hunden überraschend geläufig werden, so die Bedeutung situativ kennzeichnender Eigenarten in unseren Bewegungen, unsere Gerüche in bestimmten Stimmmungen, die Lautstärke, Stimmlage und Art unseres Sprechens. Auch Sprechpausen, die Sprechmelodie, Sprechgeschwindigkeit und der individuelle Klang einer Stimme werden registriert und im Sinne der Gestaltwahrnehmung (*nach Lorenz 1959*) decodiert. Hunde kennen uns sehr genau und vermögen individuell und je nach unserer Stimmungslage auf uns einzugehen. Zudem scheint es bei ihnen eine angeborene Disposition zu geben, welche der Kommunikation mit dem Menschen entgegenkommt (*Feddersen-Petersen 1993*) Das Erlernen von Signalbedeutungen im unterschiedlichen Sinnzusammenhang bei Hund und Mensch führt zu weitgehender Verständigung, ja zum Verstehen. Hunde sind „unsere Kommunikationstiere". Dazu haben wir sie im Zuge der Domestikation gemacht und wir waren erfolgreich. Hunde haben bekanntlich kein Wortverständnis, es ist vielmehr der Klang unserer Stimmen, es ist die Situation, die ihnen ermöglicht, Worte mit Gestimmtheiten oder Aufforderungen zu assoziieren. Sie erreichen uns aufgrund der nicht gar so entfernten Verwandtschaft über ihr Ausdrucksverhalten. Sie vermögen „einfacher" und besser zwischen Arten zu kommunizieren als wir (*Masson 1997*). Die Crux ist, daß die wenigsten Hundebesitzer wissen, wie sie das, was sie vom Hund wollen, und alles, was er lernen soll, überbringen können. Das erreicht kein Reden. So reagieren sie überwiegend auf Aktionen ihres Hundes. Diese Situation ermöglicht diesem, seinen sozialen Status über die Eroberung von Ressourcen zunehmend in seinem Sinne zu verändern. Hunde orientieren ihr Verhalten in bezug auf erkennbare Hierarchien. Kriterien dafür sind Zugänge zu Ressourcen (begehrte Plätze, begehrtes Futter, bestimmte Sozialpartner) sowie der Ausgang von Konflikten und Dominanzauseinandersetzungen.

Hundebesitzer bemerken so einen ungünstigen Entwicklungsprozess oftmals erst sehr spät und haben sich dann mit einem nicht selten hochgefährlichen Problemhund auseinanderzusetzen. Am Anfang jeder Änderung muß das Begreifen der Fehlentwicklung stehen, weiter gehört der Wille dazu, die Situation zu ändern und sich dabei einem Tierverhaltenstherapeuten anzuvertrauen.

Wichtig für das Kommunikationslernen mit Hunden oder deren „Erziehung" ist es, Hunde derart zu motivieren, daß sie sich, unseren Absichten entsprechend, das klar und deutlich über unser Ausdrucksverhalten kommuniziert wird, verhalten.

Die Unterschiede zwischen dem Säugetier Mensch und anderen Tieren sind eben so groß nicht. Doch hier können wir offensichtlich nicht mithalten, bemerken diese Unzulänglichkeiten allerdings in der Regel kaum. Bei der Ausbildung von Haushunden ist man vielmehr nicht selten sogar darauf bedacht, bestimmte Gemütsbewegungen tunlichst zu unterdrücken, etwa im Sinne einer „erfolgreicheren" Konditionierung und Dominierung des Tieres. Wenn diese Taktik dann so erfolgreich nicht ist, bleibt Ratlosigkeit oder der Hund hat „versagt" (*Feddersen-Petersen 1998*).

„Hundeerziehung" oder Hundeausbildung sollte auf beiderseitigem Kommunikationslernen basieren, vom Menschen in biologisch sinnvoller Weise im Umgang mit dem heranwachsenden und erwachsenen Hund genutzt und lernbiologisch gelenkt. Hunden sollte unbedingt die Möglichkeit geboten werden, ihre ausgeprägten Lernkapazitäten zu entwickeln und in Anpassung an die Belange des Lebens mit Menschen zu verfeinern. Und Hundehalter sollten dabei der ausgeprägten **Sozialappetenz** ihres Hundes gerecht werden und über dessen **Bindungsverhalten Lernen erleichtern und somit verfeinern**. Das bedeutet Aufmerksamkeit im Umgang mit dem Hund und **tiergerechte Konditionierung**, indem aus dem erblich vorbestimmten Lernbereich, der Lernkapazität des Hundes, selbst kleine Gesten und Verhaltensweisen von bestimmten, neuen Bedingungen abhängig werden. Insbesondere die instrumentelle oder operante Konditionierung bietet eine Fülle an Möglichkeiten, Verhalten gezielt zu variieren, indem bestimmte Spontanhandlungen mit neuen Folgen (Verstärkung durch Belohnung, Lob) assoziiert werden. Hunde müssen herausfinden können, welche Vorkommnisse verläßlich wichtige Konsequenzen anzeigen, und ein wichtiger Weg, um dieses zu lernen, ist der Prozess des assoziativen Lernens. Werden Verhaltensweisen, die Hunde von sich aus zeigen, belohnt, wird dieses Verhalten fortan häufiger auftreten. Es werden (lern)-bedingte Aktionen ohne und mit primärem sensorischem Input und Übung ausgebildet. Anders als bei der klassischen Konditionierung, bestimmen die Hunde hierbei den Lernzeitpunkt und bei den entstehenden erlernten Verhaltensweisen handelt es sich um bedingtes Appetenzverhalten, bedingte Aktionen oder daraus sich ergebende Kombinationen.

Möglichst schnelle und wenig zeitaufwendige Methoden und Tips für den „pflegeleichten Hund", der sich dem strapazierten Stadtmenschen unauffällig anpaßt, mögen vielleicht in einem unguten Zeittrend liegen, nutzen hingegen sicherlich nicht dem Entstehen einer tiergerechtung Beziehung zum Hund und sind einer ebensolchen Verständigung mit ihm eher hinderlich.

Da Hunde Menschen ihr großes Verhaltensspektrum geradezu anbieten, liegt es an diesen, es über gewünschte Assoziation so zu variieren, daß eine tiergerechte Verständigung möglich wird und ein ungestörtes Zusammenleben von Hund und Mensch resultiert. Diese Art der Verständigung über optische, akustische oder taktile Hilfen entwickelt sich nicht ohne unser kenntnisreiches Lenken, das letztendlich seinen Ausdruck in der Korrektur oder Unterweisung des Tieres allein durch kleine Bewegungen, Stimmodulationen und bestimmte mimische oder Körpersignale findet. Wir sollten uns also unserer Ausdrucksmöglichkeiten, auf die Hunde angeborenerweise so oder so achten und reagieren, nicht nur wieder bewußt werden, wir müssen zudem lernen, sie gezielt mit bestimmten Reizen und sozialen Situationen zu assoziieren, so daß der Hund in unserem Sinne zuzuordnen lernt, was sie **für ihn** bedeuten sollen.

Unsere Körpersprache ist reich und differenziert, so ergeben sich etliche Möglichkeiten, bestimmte Verhaltensweisen des Hundes mit bestimmten Gesten, einmal knapp ausgeführt, ein andermal mit Bewegungsüberschwang, hoher oder tiefer Stimmlage und etwa bestimmten Blickkontakten, zu assoziieren. Eine möglichst gleichbleibende Betonung und ein gleichbleibender Sprachrhythmus sowie ebensolche Sprechpausen zwischen den einzelnen Klangbildern erleichtern dem Tier das sichere Wiedererkennen bestimmter Laute, die für bestimmte Assoziationen stehen sollen.

Die hundliche Lernmotivation leitet sich vornehmlich von deren Bindungsbereitschaft an ihre soziale Gruppe her (*Hassenstein 1992*). Als „Verstärker" für das Lernverhalten wirkt vor allem Lob. Dieser „positive Verstärker" hat den Charakter einer Bestätigung der sozialen Bindung an den Menschen. Die außerordentlich komplizierten Aufgaben, die etwa Blindenführhunde zu bewältigen haben, werden überwiegend auf deren Lernmotivation zurückgeführt, die ihre Bindungsbereitschaft an bestimmte Menschen bestimmen. Mit Elektroreizen wird hier nicht gearbeitet, vielmehr werden über Loben „postive Verstärker" als Bindungsbestätigung (*Grahovac 1998*) genutzt. Bei allen Hunden als hochsoziale Lebewesen stellt der Empfang von Lob das Ziel eines Appetenzverhaltens dar – der dazugehörige Antrieb entstammt dem Funktionskreis des Sozialverhaltens.

Interessant sind die auffälligen Übereinstimmungen im Hundeverhalten zwischen dem Spielverhalten und dem Ausführen gerade komplexer Aufgabenstellungen. Das Spielverhalten umfaßt ja eine Vielzahl von Handlungsvariationen, die im „Normalverhalten" (im „Ernstbezug") des Hundes sonst nicht auftreten. Das Erlernen subtiler Assoziationen oder Aufgabenstellungen erfordert vom Hundehalter, eine ruhige und entspannte Ausgangsatmosphäre für den Hund herzustellen und stimmt damit mit den Voraussetzungen für eine „Spielgestimmtheit" („Spielen findet im entspannten Feld statt") überein. Lernverhalten ist ebenso wie das Spielverhalten durch Angst und Aufregung sehr leicht und nachhaltig zu beeinträchtigen. Sowohl beim Lernverhalten als auch beim Spielverhalten bewirken vorrangig **anregende, belohnende Faktoren eine Wiederholung von neuartigem Verhalten** (man denke an „Agility"). Gerade bei sehr komplizierten Aufgabenstellungen, so der Ausbildung von Blindenführhunden, werden diese Spezifika aus dem „entspannten Feld" des Spielverhaltens genutzt (*Grahovac 1998*).

Tiergerechte Entwicklung und ein ebensolches Lernen ermöglichst so, daß die reichen, genetisch determinierten kognitiven Möglichkeiten des Hundes zur Entfaltung kommen und in der Kommunikation mit Menschen (und Hunden) ein ausgeglichenes Hundeleben bewirken – und Menschen eine beglückende Beziehung mit Hunden erleben. Unterbleibt dieses Lernen, ist die Genese von unerwünschtem Verhalten, Problemverhalten oder, wie immer wir es nennen wollen, aufgrund jetzt **vom Hund gewählter** Assoziationen unseres Verhaltens mit neuen Aktionen und Reaktionen programmiert. Denn (insbesondere heranwachsende) Hunde verändern ihr Verhalten als Folge individueller Erfahrung mit ihren Menschen **in jedem Falle**, und etliche Verhaltensweisen, die später problematisch werden können, sind nichts anderes als (erfahrungs)bedingte Aktionen bzw. Reaktionen, die als „postive Verstärkung" oder „erlerntes Vermeiden" infolge Inkonsequenz oder Fehler des Hundehalters in bestimmten Situationen assoziativ gelernt wurden. „Umkonditionierungen" sind immer schwieriger und aufwendiger und sollten unbedingt unter Anleitung eines Verhaltenstherapeuten durchgeführt werden.

Vorrangig für einen jeglichen Umgang, die „Erziehung" wie auch das Training mit dem Hund ist es also, ihn nach unseren Vorstellungen und seinen Lernmöglichkeiten so zu motivieren, wie wir es **für ihn nachvollziehbar über unser Ausdrucksverhalten und unsere Gestimmtheit** ausdrücken.

Eine beständige und konsequente Haltung Hunden gegenüber vermag ihnen **soziale Sicherheit** und das **Wohlbefinden** zu vermitteln, das zu einer verläßlichen Partnerschaft Mensch – Hund führt. Tiergerechte Kommunikation mit dem Hund darf nicht allein unseren Bedürfnissen dienen, sondern sollte der sozialen Integration des Hundes in unsere „gemischte Gruppe" eine umsetzbare, verläßliche und konstante Hilfe sein. Weiterführendes Training, das Bereiche des hundlichen Verhaltens auf verhaltensbiologischer und lerntheoretischer Grundlage gezielt verändert, sollte stets auf dem Gewinn sozialer Sicherheit des Hundes und dessen Kooperationsfähigkeit mit seinem Halter basieren. Hunde sollten Wohlbefinden und Sicherheit aus einer beständigen und positiven Partnerschaft erfahren (*Neville 1997*).

II. Emotionale Eigenschaften und kognitive Fähigkeiten bei Hunden – gibt es vermittelbare Indikatoren zur Erfassung und Bewertung hundlicher Befindlichkeiten?

Eine objektive Beurteilung des Verhaltens und der damit verbundenen Bewertungen für die „inneren Zuständes" des Tieres sind unentbehrlich für die Weiterentwicklung eines Tierschutzes, der auf wissenschaftlichen Grundlagen basiert.

Die Grundsätze eines ethisch motivierten Tierschutzes sind auf breite Akzeptanz in der Gesellschaft angewiesen. Voraussetzung dafür ist der wissenschaftliche Konsens darüber, ob und wenn ja welche naturwissenschaftlich objektivierbaren Parameter als Korrelate von Befindlichkeiten zu akzeptieren sind.

Nach einer Definition des Bundesgerichtshofs sind **Leiden** im Sinne des TierSCHG alle nicht vom Begriff des Schmerzes umfaßten Beeinträchtigungen von Wohlbefinden, die über ein schlichtes Unbehagen hinausgehen und eine nicht ganz unwesentliche Zeitspanne fortdauern (BGH, NJW 1987, 1834). Als Kriterien für „erhebliches" (und damit nach § 17 Nr. 2b strafwürdiges) Leiden hat der BGH genannt: „Anomalien, Funktionsstörungen oder generell spezifische Indikatoren im Verhalten der Tiere, die als schlüssige Anzeichen und Gradmesser eines Leidenszustandes taugen" (BGH, NJW 1987, 1835). Für die Beurteilung des Leidens (graduell abgesetzt) bei Tieren können morphologische, physiologische und insbesondere **ethologische** Kriterien herangezogen werden. **Das Verhalten des Tieres ist der sichtbare Ausdruck seiner Befindlichkeit.** Daher bietet die **Verhaltensebene**, die morphologische und physiologische Zustände integriert, frühzeitig erkennbare und besonders empfindliche Indikatoren für organische, einschließlich zentralnervöse Schäden und funktionelle Störungen (*Buchholtz et al. 1998*). „ .... behaviour is one of the most easily observed measures of welfare, and can provide excellent cues about the preferences, needs, and internal states of animals. We describe some normal behaviours that indicate at least short-term reductions in welfare, since they have been associated with states like frustration, conflict, pain, disturbance, distress, fear or illness" definieren auch *Mench et al. (1997)*.

Das Ausdrucksverhalten ist ein ganz wichtiger **Indikator tierlicher Befindlichkeit**. Aus Mimik und Gestik etwa lassen sich Gefühle / Empfindungen erschließen, sie haben also durchaus einen **objektiven Anteil** und sind nicht nur der Introspektion zugänglich.

Wie sind Empfindungen zu werten? Der **Analogieschluß**, bei dem vom menschlichen Empfinden auf Empfindungen bei Tieren aufgrund von Ähnlichkeiten **ohne ausdrücklichen Bezug auf biologische Sachverhalte geschlossen wird**, ist mißverständlich, anfechtbar und für wissenschaftliche Beweisführungen nicht verwendbar (*Wolff 1993*). Der Schluß auf **Homologie** stützt sich ganz auf evolutive Fakten.

Homolog sind Merkmale von Vertretern verschiedener Tiergruppen, wenn sie sich von denselben Merkmalen ihrer gemeinsamen Vorfahren ableiten lassen. Hier geht es somit um den Nachweis **echter Verwandtschaftsbeziehungen**.

Grundlage für den Schluß auf tierliches Empfinden ist die in der Biologie als richtig erkannte Prämisse, daß bei Bestätigung der Homologie-Kriterien nach *Remane (1952)*, die auch für den zwischenartlichen **Verhaltensvergleich** herangezogen werden können, die morphologischen, physiologischen sowie **Verhaltensstrukturen bei Tieren und dem Menschen** homolog sind (s. „Handlungsbereitschaftsmodell", entwickelt von *Buchholtz 1993*).

Auf dem Workshop der **Internationalen Gesellschaft für Nutztierhaltung** (IGN) zum Thema „Leiden" vom 30.01./01.02.1998 in Marburg wurde auf der Grundlage von Bewertungskriterien für gestörtes Verhalten ein Katalog mit 6 entscheidenden Kriterien, die als Gradmesser für **erhebliches Leiden** gewertet werden müssen, erstellt. Diese Kriterien betreffen die **tagesperiodischen Aktivitätsmuster, Stereotypien, Komfortverhalten, Exploration, Spiel** und **Apathie**. Ihr Auftreten wird auf ermittelte Verhaltensänderungen nach Verwendung von Elektroreizgeräten zu prüfen sein (s. u. V.1).

Begriffsbestimmungen tierlicher Empfindungen werden dennoch in der Fachliteratur ebenso wie in der Umgangssprache „psychische Zustände" mit Bezug auf Tiere sehr unterschiedlich weit gefaßt (*Stauffacher 1993*). Dieses gilt ebenso für den Begriff der **„Angst"**, der auch nach seiner Novellierung im Deutschen Tierschutzgesetz expressis verbis fehlt, während in den Grundsätzen zum SCHWEIZ. TIERSCHG die Vorschrift des §1: „ . . . Niemand darf einem Tier . . . Schmerzen, Leiden oder Schäden zufügen" mit dem Zusatz „ . . . oder es in Angst versetzen" ergänzt ist.

Für Tiere in menschlicher Obhut nennt *Manser (1992)* insbesondere starke Bewegungseinschränkung (bis zur Immobilisation), Lärm, intensives Licht und den Transport als angstauslösend, *Rowan (1988)* klassifiziert Angstsymptome in die Kategorien „motorische Anspannung", „vegetative Hyperaktivität", „angstvolle Erwartung" und „erhöhte Wachsamkeit".

Als übereinstimmende „Angst-Symptome" gelten nach *Sambraus (1982)* für Mensch und andere Säugetiere: „Öffnung der Lidspalte und Weiten der Pupille, Erhöhung der Herzschlagfrequenz, Beschleunigung der Atmung, Sträuben der Haare, Schweißausbruch, Muskelzittern und evtl. Zähneklappern, Äußerung bestimmter Laute, Absatz von wäßrigem Kot, unkontrollierte, panikartige Fluchtbemühungen".

Ethopharmakologische Tierversuche mit Anxiolytika (angstlösenden Pharmaka) führen zwingend zu dem Schluß, daß Tiere über mit der menschlichen Furcht vergleichbare emotionale Zustände verfügen (*Gray 1982*). Auch unspezifische Ängste bei Tieren sind durch etliche Anhaltspunkte belegt.

„Schwere Ängste" (Art. 13 Abs. 1, Art. 16 Abs. 4 Schweiz. TierSCHG) dürften einem Tier dann entstehen, wenn es bei anhaltender Bedrohungssituation

keine Möglichkeit hat, erfolgreich auszuweichen (*Stauffacher 1993*).
Schäden, insbesondere morphologische und anatomische Schäden, z. B. Hautverbrennungen oder Verletzungen, die ein Hund direkt oder infolge einer bestimmten Verhaltensbeeinflussung erleidet, sind sehr eindeutige Indikatoren einer tierschutzrelevanten Behandlung. Über das von *Tschanz (1993)* entwikkelte Bedarfsdeckungs- und Schadensvermeidungskonzept können sie in ihrer Bedeutung für das Tier erfaßt und beurteilt werden.

Die **Schmerz**forschung hat in den vergangen Jahren große Fortschritte in der Charakterisierung der Schmerzleitung und der Schmerzsymptome gemacht. Seit der Entdeckung hirneigener Opiate (Enkephaline und Endorphine) in den 70ger Jahren, die eine ähnliche Wirkung wie Morphin haben, hat sich eine weitreichende Schmerzforschung etabliert. Steuerungsprozesse über Nozizeptoren – nozizeptive Afferenzen – synaptische Verschaltungen bis zum Zwischenhirn sind bei Säugetieren und dem Menschen als homolog zu bezeichnen (u. a. *Jurna 1981; 1984; s. Buchholtz 1993*). Periphere Schmerzwahrnehmung, Erregungsleitung und zentralnervöse Verschaltung sind bei Mensch und Tier gut untersucht. Sowohl vom Tier auf den Menschen, als auch umgekehrt wird bei der Erforschung von Schmerzmitteln erfolgreich übertragen (*Loeffler 1993; Schmitz 1995; Teuchert – Noodt 1994*). Diskutiert wird heute insbesondere die Frage nach der Intensität individueller Schmerzwahrnehmung (*Schmitz 1995*). Individuelle Unterschiede sind auch innerhalb einer Spezies, etwa unter Menschen, ganz offensichtlich groß.

Im Rahmen des stammesgeschichtlichen Vergleichs dürfen schließlich, wenn es um Befindlichkeiten geht, Einflüsse der Hypophysen – Nebennierenrindenaktivität, des Sympathikus – Nebennierenmark – Systems und des Hypophysen – Gonaden – Systems nicht unerwähnt bleiben. In Stress – Experimenten konnten die Auswirkungen nach unterschiedlichen Belastungen bei Tieren eindrucksvoll dargestellt werden (*V. Holst 1977, 1986; Sachser 1991*). Das zugrundeliegende System sowie die Symptome weisen bei Säugetieren und dem Menschen eine generelle Übereinstimmung auf (*Birbauer & Schmidt 1990*).

Der stammesgeschichtliche Vergleich der hier angesprochenen neuronalen und hormonellen Systeme führt zu einer wissenschaftlichen Akzeptanz von Befindlichkeiten bei Tieren.

Auch *Tschanz (1994)* stellt heraus, daß die Emotionen angenehm – unangenehm gewertet werden und dadurch die gewerteten Dinge oder Eigenschaften eine zusätzliche Qualität erhalten: Unsere Einstellung wie unser Verhalten zu ihnen ändert sich. Die Verhaltensänderungen haben funktionelle Bedeutung: Was angenehm wirkt, wird bevorzugt aufgesucht und genutzt; es begünstigt in der Regel die Bedarfsdeckung und damit die Entwicklung und Erhaltung des Individuums; was unangenehm wirkt, wird verstärkt gemieden und dieses begünstigt die Schadensvermeidung. Es ist davon auszugehen, daß diese funktionellen Beziehungen **bei allen Tieren** vorhanden sind. Höher entwickelten Organismen wird die gefühlsmäßige Wertung sicher – unsicher im Zusammenhang mit der Erfahrung, daß eine Situation durch geeignetes Verhalten bewältigt bzw. nicht bewältigt werden kann, zugeschrieben. Auch dieses Verhalten hat funktionelle Bedeutung.

Diese Beziehungen ermöglichen es, aufgrund von Verhaltensbeobachtungen in Verbindung mit dem Typus (des Tieres) **wissenschaftlich überprüfbare Aussagen zu Wohlbefinden und Leiden** zu machen (*Tschanz 1995*).

II.1. Stress und Empfindungen
– Auswirkungen auf das Lernverhalten

Nach *von Holst & Scherer (1988)* führen allein Reize und Ereignisse, die eine affektive Erregung, z. B. Angst, auslösen, zu Stressreaktionen. Emotionale Erregung ist dann mit Stress verbunden, wenn zwei Kriterien erfüllt sind:

1. Die Belastung dauert ohne Erholungsphasen an und ihr Ende und ihre Folgen sind für das Individuum nicht absehbar, 2. das Individuum kann sich der Situation weder anpassen noch sie durch Auseinandersetzungen oder Vermeidung bewältigen.

Die Verbindung von Stressreaktionen mit bestimmten emotionalen Zuständen stellt *von Holst (1977)* folgendermaßen dar: Im sozialen Kontext werden niedrige Glukokortikoidwerte (Corticosteron, Cortison, Cortisol u. a.) mit Kontrolle der Situation, sozialer Sicherheit und hohe Werte mit Kontrollverlust, Hilflosigkeit, depressionsanalogen Zuständen korreliert bzw. geringe Katecholaminwerte (Adrenalin, Noradrenalin) mit Entspannung, „sozialer Anerkennung", Zuneigung und hohe Werte mit Erregung, Kampf um Kontrolle und „Angst" und „Wut".

Dieses System erlaubt es, die Beziehungen zwischen den Stresssystemen untereinander und dem Verhalten vorauszusagen und zu überprüfen. Der Schluß auf das emotionale Erleben einer konkreten Situation bleibt zwar ein „Analogieschluß", dessen Plausibilität jedoch auf intersubjektiv wahrnehmbaren und quantifizierbaren Veränderungen beruht (*Stauffacher 1993*).

Grundlagenforschungen im Bereich Umwelt – Stress – Verhalten sind allerdings bisher erst für wenige Tierarten (Meerschweinchen, Mäusespezies, Tupaias) durchgeführt worden – und ihre Daten nicht ohne weiteres auf andere Arten zu übertragen. So sind Hormontiter von Hunden zunächst einmal mit sehr viel Vorsicht zu interpretieren. Dieses ist in der Vergangenheit nicht immer geschehen, so daß Daten auch fehlinterpretiert wurden, weil schlicht Verhaltensuntersuchungen unter unterschiedlichen Bedingungen, Daten zu gestörten und ungestörten Tier – Umwelt – Wechselwirkungen auf der Ebene des Verhaltens wie auf den Ebenen der neuronalen und stressphysiologischen

Regulationsmechanismen fehlten und über den **Gesamthormonstatus des Hundes viel zu wenig bekannt ist**. So ist eine Euphorie hinsichtlich der Erfassung und Bewertung von Belastungen bei Hunden, die beispielsweise mit Elektroreizgeräten ausgebildet oder „behandelt" werden, sicher unangebracht.

Ethologisch ist, wie ausgeführt, die Befindlichkeit bei so hochorganisierten Säugetieren wie den Hunden über deren Ausdrucksverhalten (Signalmotorik, Vokalisation u. a.), ihre Kommunikation und weitere Verhaltenskriterien (Buchholtz et al. 1998) einer wissenschaftlichen Untersuchung und Bewertung gut zugänglich.

Im allgemeinen spiegelt der Ausdruck sogar recht genau den Erregtheitsgrad des Tieres und die jeweilige „Antriebsmischung" wider. Leyhausen (1967) weist weiter darauf hin, daß selbst die Intensitätsunterschiede der Ausdruckserscheinungen von „eben angedeutet" bis zu „höchstmöglich" gehen können, somit eine ausgeprägte Feinheit im Ausdruck wie in der Gestimmtheit erreicht wird.

Die **analytische** Herangehensweise an die Frage subjektiver Empfindungen bei Hunden, so bezüglich der psychischen Verarbeitung negativer Erfahrungen im Sinne des Leidens und also auch der Ausbildung von Vermeidungsstrategien, führt nach **wie vor nicht unbedingt zu objektiven Aussagen** (s. Teuchert-Noodt 1994; Schilder 1995). Zwar sollten wir angesichts des enormen physiologischen, pharmakologischen und computertechnologischen Wissenszuwachses die immer noch verbreitete behavioristische Meinung verwerfen, daß es nicht Aufgabe der Wissenschaft oder sogar unwissenschaftlich sei, subjektive Empfindungen zu erforschen, dennoch bestehen große Schwierigkeiten, zumal **physiologische Daten** zufriedenstellend zu deuten. Die Stressforschung zeigt nach wie vor in dieser Hinsicht unbefriedigende Ergebnisse: **Subjektive Hirnzustände bzw. resultierende graduelle Leiden sind wohl zu komplex, als daß etwa physiologische Meßgrößen des Körpers (wie der Adrenalin- oder der Cortisolspiegel) hinreichende Kriterien zu ihrer Erklärung liefern bzw. physiologisch meßbare Zustände in Relation zum Grad des Leidens liefern könnten** (s. Teuchert-Noodt 1994, 1996). Ebenso widersprüchlich sind zudem diesbezügliche Ergebnisse (Knol 1992; Vincent et al. 1992; Kirschbaum et al. 1993; Clark et al. 1997).

Zugrundeliegende Ursachen mögen in der Überbewertung einiger bei Nichtbeachtung anderer wichtiger Kriterien liegen. So ist die Wahl der jeweiligen **Hunderasse** sorgsam zu prüfen, ist doch davon auszugehen, daß es Rassen oder bestimmte Zuchtlinien innerhalb dieser gibt, die weniger auf Stressoren respondieren als andere. Zudem ist das Zeitfenster der Speichelentnahme etwa für die Cortisol-Messung genau zu ermitteln, da es ansonsten zu Fehlwerten (Fehlbewertungen) kommen kann.

Die Angabe der jeweiligen **Uhrzeit** für die Entnahme der Basiswerte wie die Werte nach Stresseinwirkung ist obligatorisch, da die Tagesrhythmik die

Hypophysen-Nebennierenrinden-Aktivität beeinflußt. Es gilt somit, unbedingt auf Veränderungen im Tagesprofil zu achten. Von großer Bedeutung ist es auch, die **Vorerfahrung** der Hunde zu kennen (Alter, Entwicklungsbesonderheiten). So ist z. B. bekannt, daß von schwerst gestörten Tieren gar keine Stressantwort mehr über den Hormonspiegel zu erhalten ist (*mdl. Mittlg. Ohl*).

Dieses sind nur einige Kriterien, deren Einfluß die Meßergebnisse nach Stresseinwirkung verändert – und deren Angabe in der diesbezüglichen Literatur über die hundliche Befindlichkeit zumeist fehlt.

Physiologische Meßgrößen nach Elektroreizung unterliegen den genannten Schwankungen und Schwächen bezüglich ihrer Wertung und sollten deshalb sehr umsichtig interpretiert werden.

Nach *Teuchert-Noodt (1994)* sind subjektive Hirnzustände schlicht zu komplex, als daß physiologische Meßgrößen des Körpers hinreichende Kriterien zu ihrer Erklärung liefern könnten. Die Hormonforschung ist hier deshalb für die meisten Haustiere schwerlich zu nutzen, weil schlicht Kenntnisse über den tierlichen Gesamthormonstatus fehlen.

Es wird vielmehr auf neue Ergebnisse der Hirnforschung verwiesen, die im Zusammenhang mit der Transmitterpharmakologie einen neuen Zugang zu einem Tier-Mensch-Vergleich vermitteln können.

Zudem sind intersubjektive Aussagen über Befindlichkeiten zu erwarten. So wird von *Teuchert – Noodt (1994)* das hohe **Angstpotential** bei höheren Tieren und speziell dem Menschen nicht nur nachgewiesen, es wird auch systemisch begründet.

Lernen unter Streßbedingungen

Neuen Untersuchungen zufolge wirken sich Effekte stressreicher Erfahrungen auch auf Gedächtnis- und Lernleistungen aus. Insbesondere psychosozialer Stress erzeugt bei etlichen Säugetieren Symptome, die denen depressiver Menschen ähneln. Psychosozialer Stress kann von ranghohen Sozialpartnern ausgelöst werden, unter den Bedingungen latenter sozialer Bedrängnis.

Bei Spitzhörnchen (Tupaias) wurde jüngst nicht allein bestätigt, daß nur das Sehen des Dominanten beim Unterlegenen Stress-Symptome hervorruft, was klare Verhaltens-, Physiologie- und neuroendokrine Änderungen in dessen Organismus einschließt. Hinzu kommen Strukturänderungen in der Hippokampus-Region, dem Hirnabschnitt, der für die entsprechenden Gedächtnisleistungen verantwortlich ist (*Ohl & Fuchs, im Druck*).

Chronischer Stress induziert somit offenbar nicht allein eine Hyperaktivität des Hypothalamus-Hypophysen-Nebennierenrinden-Systems, welches zu den bekannten erhöhten Konzentrationen von Cortisol und Corticosteronen (Glucocorticoiden) im Blut führen kann. Zudem kommt es zu ausgeprägten Umstrukturierungen der für das Lernen relevanten Hirnformation.

Was nun so besonders nachdenklich macht, sind folgende der neuen, an den Spitzhörnchen gewonnenen Befunde: Gestresste Tiere zeigten die Gedächtnis- und Lernverschlechterung nicht nur während der Stress-Einwirkung. Selbst nach einer Ruhezeit von zehn Wochen war ihr Erinnerungs- und Lerndefizit hochsignifikant, verglichen mit den sozial ausgeglichen lebenden Artgenossen.

Diese Langzeit-Stress-Effekte auf Gedächtnis und Lernvermögen können nun kaum durch die im Blut zirkulierenden Glucocorticoide bedingt sein. Deren Werte haben sich lange wieder in den Normbereich bewegt. Es sind andere Mechanismen ursächlich verantwortlich, wohl Schädigungen bestimmter Hirnbereiche, deren Aufgaben mit Emotionen (Wut, Angst, Verteidigung u. a.) im Zusammenhang stehen – und eng mit anderen Hirnbereichen zusammenarbeiten, auch mit solchen, die für das Langzeit-Gedächtnis verantwortlich sind. Entsprechende Untersuchungen an Hunden wären außerordentlich aufschlußreich.

Unser empirisches Wissen über Hunde würde zu entsprechenden Ergebnissen passen:
Eine entspannte Atmosphäre zwischen Mensch und Hund wirkt sich auf die Lernmotivation, das Lernvermögen und die Gedächtnisleistungen des letzteren deutlich aus: In spielerisch-entspannter Atmosphäre wird gut gelernt, kann lernbiologisches Wissen optimal umgesetzt werden. Ein motivierter Hund konzentriert sich besser, ist viel leichter ansprechbar für ein bestimmtes Lernpensum. Welch fatale Folgen chronischer Stress bei der Ausbildung von Hunden auf deren Psyche und Physis haben können, ist bislang nur zu erahnen. Lernen unter Zwang ist uneffektiv und entbehrt jeglichen vernünftigen Grundes. Daß „Erfolge" niemals durch Druck und Strafen, die den Hund in Angst oder gar Panik versetzen, zu erzielen sind, liegt auf der Hand. Leider ist dieses Wissen von dort noch nicht in die Köpfe aller Ausbilder vorgedrungen.

Fazit:
Jeder Forscher kann seine Umwelt eben nur als Mensch wahrnehmen und von keiner übergeordneten Warte aus. Dabei besteht die Tendenz, phylogenetisch nahestehenden Tieren, wie den Primaten, aber auch den Haushunden, ähnliche emotionale Erfahrungen zuzuschreiben (*Mc Farland 1989*), während andererseits phylogenetisch entfernteren Tieren, etwa den Insekten, wenn überhaupt, völlig abweichende Empfindungen unterstellt werden. Diese Ansicht mag dem sog. gesunden Menschenverstand entsprechen (*Reulecke 1990*), hängt sicher auch mit der nicht möglichen Homologisierbarkeit nervöser Strukturen zusammen.

Darwin (1872), der den kommunikativen Charakter von Emotionen erkannte und postulierte, daß emotionale Zeichen im Verhalten (Gesichtsausdrücke, Gebärden, Gesten) z. B. aus Schutzreaktionen entstanden sind, zögerte nicht, die tierlichen Emotionen mit Begriffen analoger menschlicher Empfindungen zu belegen. Jeder, der Umgang mit Tieren hat, weiß, wie schwer es oft fällt, für das tierliche Verhalten vermenschlichende Begriffe oder Ansätze zu deren Erklärung streng zu vermeiden. Zunehmend findet man in letzter Zeit auch unter Forschern die Meinung, daß man sich nur anthropomorph dem eigentlichen Ziel nähern kann, nämlich Aufschluß darüber zu erhalten, welche Bedeutung ein Verhalten im evolutionsbiologischen Sinne hat, d. h. die Wechselbeziehung Verhalten – Umwelt aus evolutionärer Sicht zu erforschen. Man sollte immer wieder sich selbst überprüfen, steht doch hinter jeder Analyse, auch unter Anwendung feinster technischer Methoden, der **subjektiv erlebende Mensch**. Ebensowenig ist das andere Extrem zu vertreten, das dogmatisch vorschreibt, nur das zu glauben, was wissenschaftlich nachweisbar ist. Warum „dürfen" Tiere keine Empfindungen haben, nur weil diese in letzter Konsequenz nicht beweisbar sind, ebensowenig wie uns Erlebnisse unserer Mitmenschen verschlossen sind. Aus evolutionsbiologischer Sicht wäre es undenkbar, daß zwischen Menschen und anderen Tieren eine derartige Diskontinuität entstanden ist. „Denn undenkbar ist, daß die Evolution von Tieren zum Menschen hin einen Sprung gemacht hat" (*Buchholtz 1993*). Die Untersuchung der tierlichen Kommunikation liefert am ehesten Argumente für die These, daß Tiere tatsächlich emotionale wie geistige Erfahrungen haben, und mit bewußter Absicht kommunizieren (*Griffin 1985*). Warum sonst sollte sich Kommunikation entwickelt haben?

Rensch (1973) stellt den Ich-Begriff als eine für jeden Menschen elementare Gegebenheit dar, anlehnend an KANTS „das Bewußtsein meines Denkens".

Inwieweit können höhere Tiere einen averbalen Begriff bilden, der diesem Phänomenenkomplex entspricht und inwieweit können sie ihre individuelle Sonderheit gegenüber der unbelebten wie belebten Umwelt erfassen?

Zumindest bei den höheren Tieren (Säugetieren) können wir aufgrund der Struktur und Funktion von Sinnesorganen, Nerven und Gehirn sowie beobachtbarer Reaktionen propriorezeptive und reziproke Empfindungen, positive und negative Gefühlstöne, Stimmungen und Affekte sowie eine Allgegenwärtigkeit eines Bewußtseinszusammenhangs voraussetzen. Putzen des eigenen Körpers wird (nicht allein) bei Säugetieren infolge der reziproken Doppelempfindung beim Tasten und Sehen der eigenen bewegten Gliedmaßen bewirken, die eigene Individualität abzugrenzen, oftmals geschieht dieses auch beim Hören der eigenen Stimme.

Zum Ich-Bewußtsein durch Lernen sei bemerkt, daß Hunde den Klang ihres Namens mit dem Vorstellungskomplex der eigenen Individualität lernbedingt zu verbinden vermögen.

Sie werden wohl nur den Phänomenenkomplex des eigenen Ichs von Phänomenenkomplexen der eigenen Umwelt trennen. Es ist nicht anzunehmen, daß sie Materielles und Bewußtseinskomplexe unterscheiden.

Hunde zeigen Todesangst, die mehr als nur ein „bedingter Reflex" auf eine akut bedrohliche Situation ist:
„Die Gemeinschaft der fühlenden Wesen geht über die Grenzen der menschlichen Art hinaus, und wir haben nicht das Recht, andere fühlende Wesen einem Leben auszuliefern, das nur aus Qualen und aus Angst vor dem Tode besteht. Es ist dies nicht eine Frage des Mitleids. Wir haben nicht das Recht! Wo Schmerz ist, da ist der Beginn von Subjektivität, der Beginn einer „Innenseite des Lebens" (Robert Spaemann, zit. 1991). **Dieses wäre das Ich-Bewußtsein.**

III. Tierschutzorientierte ethologische und lernbiologische Grundlagen zur Verhaltensbeeinflussung und Ausbildung von Hunden

„Lernen ist der Vorgang, durch den eine Aktivität im Gefolge von Reaktionen des Organismus auf eine Umweltsituation entsteht oder verändert wird" (Hilgard & Bower 1973), es ist „.... eine im Dienste der Individual- und Arterhaltung stehende antriebsgesteuerte adaptive Verhaltensänderung als Folge individueller Informationsaufnahme, Informationsverarbeitung und Informationsspeicherung (Erfahrung) auf der Grundlage phylogenetisch vorgebildeter und artspezifisch modifizierbarer nervöser Strukturen" (Sinz 1974), somit jede umgebungsbezogene Verhaltensänderung, die aufgrund einer individuellen Informationsverarbeitung eintritt und zum Entstehen stabiler Verhaltensänderungen durch vorausgegangene Erfahrungen führt.

Ausgehend von dieser Definition soll beispielhaft erklärt werden, welche Erfahrungen ein Hund machen muß, um bestimmte Verhaltensweisen zu modifizieren oder einen bestimmten Übungsteil zu lernen und wie ein Hundehalter/Ausbilder ihn dabei verhaltensbiologisch sinnvoll und somit tiergerecht unterstützen sollte bzw. was dieser zu unterlassen hat.

Basierend auf **verhaltensbiologischen Grundlagen** ist **tiergerechtes Lernen** immer eine motivationsgesteuerte Verhaltensänderung, als Folge individueller Informationsaufnahme, -verarbeitung und -speicherung, auf der Grundlage stammesgeschichtlich vorgebildeter, domestikationsbedingt variierter, „artspezifisch" modifizierbarer nervöser Strukturen. Wir müssen den Hund dabei so motivieren, daß er **lernen kann**, sich entsprechend unserer Absichten, die ihm verhaltensgerecht zu verdeutlichen sind, zu verhalten.

Dieses gilt auch für **assoziatives** Lernen. So wird Verhalten ja über die Instrumentelle Konditionierung stark von den Konsequenzen beeinflußt, die es erzeugt, Antworten, die belohnend wirken, werden wiederholt, während Antworten, die bestraft wurden, zurückgehalten werden. Diese Methode des Einsatzes von Belohnung und Bestrafung, um hundliches Verhalten gezielt zu verändern, ist nur dann wirkungsvoll und tiergerecht, wenn der Ausbilder Kenntnisse zur funktionellen Bedeutung hundlicher Gebärden und Rituale kennt und beachtet. Hunde zeigen auch Menschen gegenüber die von *Schenkel (1967)* beschriebenen Ausdrucksformen „aktiver" und „passiver Unterwerfung". Intentionen, die Mundwinkel (bzw. die Hand) des Menschen zu lecken, Lecken der eigenen Schnauze oder Lecken der Hand des Menschen bei geduckter Körperhaltung darf ebenso wenig bestraft werden wie das Einnehmen der Rückenlage unter Blickvermeidung oder andere Verhaltensformen, die um „freundliche Wiederaufnahme in den Sozialverband bitten" (*Zimen 1971*). Bestrafung submissiver Gebärden stört die Kommunikation Hund-Mensch, ist somit nicht tiergerecht, erzeugt vielmehr **Angst** vor dem Menschen wie soziale Unsicherheit, die mit negativen Empfindungen gekoppelt und damit tierschutzrelevant ist.

Verhaltensweisen des Menschen sollten, wenn möglich, hundetypischen Ausdrucksformen ähneln. So etwa dem Über-die-Schnauze-Fassen des ranghöheren Hundes zur Rangeinweisung oder Rangbestätigung eines subdominanten Artgenossen. Diese Geste kann erfolgreich vom Menschen nachgeahmt werden, indem der Fang des Tieres mit einer Hand von oben oder ringförmig mit beiden Händen fest umgriffen wird. Dieses Umgreifen kann locker und streichelnd geschehen zur Übermittlung der Bindung zwischen Tier und Hundehalter, während ein abgestuft festerer Druck genau dann zu erfolgen hat, wenn ein Verhalten bereits im Ansatz unterbleiben soll. Die biologische Bedeutung dieser Geste wird verstanden, weshalb diese Bestrafung verhaltensgerecht ist. Bestrafung durch Schläge ist grundsätzlich abzulehnen, da Schlagen im Verhaltensrepertoire eines Hundes nicht vorkommt, folglich verunsichert und die Beziehung zum Menschen nachhaltig stören kann.

Lernen im Rahmen der Hundeausbildung ist also dann als **adäquat und sinnvoll** anzusehen, wenn es die **genetisch vorgegebene, „systemeigene"** (Haustierbesonderheiten und Rasseeigenarten sind zu berücksichtigen!) Informationsverarbeitung des jeweiligen Tieres beachtet und achtet.

In „The Behavior of Organisms" legte der Psychologe *Skinner (1958)* nieder, daß **jegliches Verhalten erklärt werden könne anhand der Prinzipien von Stimulus – Antwort – und Operanter Conditionierung:**

„We don't need to know about the brain, because we have operant conditioning". Nun, die Gefechte zwischen der Ethologie und dem Behaviorismus gehören der Vergangenheit an. Beide Forschungsrichtungen haben die Verhaltensbiologie bereichert. Eine so reduktionistische Verhaltensbetrachtung, wie damals von Burrhus F. *Skinner* betrieben, ist Wissenschaftshistorie. Im Rahmen der Hundeausbildung allerdings, scheint diese sehr vereinfachte (und falsche) Vorstellung, Hunde kämen als „Tabula rasa" (unbeschriebenes Blatt) zur Welt – und „scharfe" Konditionierung mache den Wert des Tieres und sein Wesen letztendlich aus, nicht nur noch vorherrschend zu sein, vielmehr zunehmend an Boden zu gewinnen. Träfe diese Vorstellung zu, käme dem Hundetrainer eine schier unglaubliche „Allmacht" zu. Dem ist nicht so.

Operante Konditionierung arbeitet mit (Futter) Belohnungen und Strafreizen, um Tiere zu trainieren und ihr Verhalten zu variieren. In einem einfachen Skinner Box Experiment kann eine Ratte trainiert werden, einen Hebel anzustoßen, um Futter zu erhalten, wenn ein grünes Licht aufleuchtet – und den Hebel sehr schnell zu bewegen, wenn es rot leuchtet, um einen Elektroschock zu vermeiden.

Das Signal ist der bedingte Stimulus (Reiz). Ratten u. a. Tiere können lernen, ganze komplexe Sequenzen von völlig „artfremden" Verhaltensweisen auszuführen, indem eine Serie einfacher bedingter Antworten aneinandergefügt wird. Dennoch, so ein Rattenverhalten in einer Skinner Box ist recht limitiert. Es ist eine Welt mit sehr wenig Variation – und die Ratte hat kaum Möglichkeiten, ihr **natürliches Verhalten** anzuwenden. Unter natürlichen Lebensbedingungen wäre ihr Lernverhalten, auf angeborener Disposition beruhend, auch weit erfolgreicher!

Sie lernt schlicht, Hebel zu betätigen, um Futter zu erhalten bzw. Elektroschocks zu vermeiden.

Skinner's Prinzipien erklären, warum sich eine Ratte in einer sterilen Plexiglasbox von 30 x 30 cm in einer bestimmten Weise verhält, aber sie erhellen nichts über das Verhalten von Ratten in ihrer natürlichen Umgebung. Natürlich ist ihr Verhalten hier weit komplexer.

So sind neben Operanter und Klassischer Konditionierung, (positiver und negativer) Verstärkung (Bekräftigung), Lob und Strafen u. a. assoziativen Lernformen insbesondere bei Hunden die soziale Anregung und Nachahmung, das Lernen in sensiblen Phasen sowie z. B. einsichtiges Verhalten (in untergeordnetem Ausmaß) sowie Lernen nach Versuch und Irrtum und insbesondere Lernen durch Erkunden, Neugierverhalten und Spielen von großer Wichtigkeit. Hinzu kommt das Lernen durch Kommunikation, die auch dadurch definiert wird, daß durch die Informationsübermittlung mit Hilfe von Signalkombinationen eine Zustandsveränderung des Empfängers erreicht werden soll – und damit auch eine Veränderung der Wahrscheinlichkeit zukünftiger Verhaltensweisen (s. u. I.2.).

Griffin (1984), der über Denkprozesse bei Tieren reflektierte und arbeitete (die sogleich, da unverfänglicher als „kognitive Prozesse" vernebelt wurden), brachte Bewegung in die Wissenschaftsgemeinde. Behavioristische Positionen u. a. „eigene Standorte" zu tierlichen mentalen Leistungen mußten neu überdacht werden. Die „kognitive Ethologie" etablierte sich zunehmend. Entsprechende Tagungen, Kongresse und Publikationen etc. häufen sich bis heute. Kognition bleibt eine etwas unklare Begriffsbildung, die wohl meint, daß mentale (geistige) Fähigkeiten, die beim Erfassen und Meistern einer Situation beteiligt sind, Fähigkeiten wie Probleme lösen, Absichten verfolgen, Entscheidungen treffen, Erwartungen hegen, Konzepte bilden u.ä.m. Dabei ist es sicher kein Zufall, daß die Unschärfe des Begriffs so bereitwillig hingenommen wird. Es bleibt nämlich offen, ob die kognitiven Prozesse **bewußt** ablaufen oder nicht.

Spätestens hier scheiden sich ja die Geister. Unabhängig davon wird deutlich, daß Hunde nicht über assoziative Lernformen vergleichbar und beliebig manipulierbar sind. Die individuelle Komponente ihres Wesens z. B. spielt für den Umgang mit ihnen eine nicht zu unterschätzende Rolle.

Das Lernen in **Sensiblen Phasen** ist von ausgeprägter Bedeutung für alle Hunde, seine Qualität – vornehmlich in der Welpen- und Junghundzeit – „stellt die Weichen" für deren soziale Sicherheit, das Anpassungsvermögen und auch die **Lernappetenz sowie das Lernvermögen** des adoleszenten und erwachsenen Tieres.

Biologische Bedeutung:
Hunde durchleben in der Zeit zwischen der 3. und der 12. (20.) Woche sensible Phasen mit ausgeprägter Lernfähigkeit und besonderem Lernergebnis (das Gelernte „sitzt" besonders fest). Denn die Kindheits- und Jugendentwicklung ist durch eine hohe Neuroplastizität charakterisiert (*Wolff 1982*). Diese Zeit muß für den Umgang mit Artgenossen sowie dem Sozialpartner Mensch genutzt werden, weil so soziale Sicherheit, größere Offenheit neuen Reizen gegenüber und **verstärkte Lernfähigkeit** erzielt werden. Spätere Schutzhunde (Gebrauchshunde wie Begleithunde) sollten mit der Mutterhündin und den Geschwistern in Familien aufwachsen, viel spielen und so durch spielerisches Nachahmen u. a. Lernprozesse mit all den Reizen vertraut gemacht werden, denen sie später einmal angstfrei begegnen sollen.

Eine Ausbildung **nach reiner Aufzucht in Zwingern** wird **stets weniger erfolgreich** und nicht so dauerhaft im Ergebnis sein, und ist häufiger tierschutzrelevant, da die Zwingeraufzucht eine **„art"gemäße Entwicklung des hundlichen Sozialverhaltens vernachlässigt und nicht selten zu Verhaltensfehlentwicklungen durch Erfahrungsentzug** führt (Deprivationsschäden). Sozial deprivierten bzw. sozial „eingeschränkten" Tieren ist bei einem Training sehr individuell und mit großem Einfühlungsvermögen zu begegnen, ihre Auseinandersetzung mit ihrem Lebensraum ist vielfach limitiert und durch Fehlverknüpfungen gekennzeichnet. Sie können nicht allein nach dem Schema lernexperimenteller Befunde und diesbezüglicher theoretischer Überlegungen trainiert werden. Ihre Fähigkeit der Wertung im Zusammenhang mit neuen Erfahrungen, ob eine Situation durch geeignetes Verhalten bewältigt bzw. nicht bewältigt werden kann (*Tschanz 1994, s.u. II.*), ist in der Regel eingeschränkt. Unkontrollierbare, irreparable Ereignisse infolge „kleiner Trainingsfehler" (Zeitverzögerungen aufeinanderfolgender Reize z. B.) können gerade bei ihnen verheerende Folgen haben (Apathie, Stereotypien, funktionelle Störungen (vegetative Störungen) durch chronischen Stress.

Lernen durch Bestätigung der sozialen Bindung
(nach Hassenstein 1992; Grahovac 1998):

Jede Hundeausbildung beruht auf der (interspezifischen) Interaktion des Hundes als Mitglied eines Sozialverbandes. Die verhaltensauslösende Handlungsbereitschaft oder Motivation des Tieres, hochkomplexe Aufgaben zu lernen und auszuführen (wie insbesondere bei der Blindenführhundausbildung oder der olfaktorischen Diskriminierung von Reizen), wird durch das Lob in Form einer Bestätigung der sozialen Bindung des Tieres erhöht. Im Verlauf der Ausbildung verknüpft das Tier durch verschiedene Lernprinzipien lediglich **neue ausführende Verhaltensweisen** mit dem Appetenzverhalten eines Antriebs, der aus dem Funktionskreis des angeborenen Sozialverhaltens stammt.

Lernvorgang:
Wenn der Empfang von Lob das Ziel eines Appetenzverhaltens und der dazugehörige Antrieb aus dem Funktionskreis der Interaktion, nämlich dem interspezifischen Sozialverhalten des Tieres stammt, dann besteht der Lernerfolg in der Verknüpfung eines neuen Reizmusters mit dem Appetenzverhalten des durch das Lob befriedigten Antriebs. Die Besonderheit dieses Antriebs liegt darin, daß durch den Empfang einer Belohnung in Form von Lob keine Antriebsbefriedigung (Antriebs-Senkung) erfolgt, wie dieses etwa bei Futterbelohnungen der Fall wäre. Das soziale Kontaktbedürfnis des Mitglieds eines Sozialverbandes ist somit eine **Antriebskonstante**, wobei das Lob eine Form der Bestätigung der sozialen Bindung darstellt. Dadurch kann ein neuer „Reiz-Reaktions-Zusammenhang" entstehen, der sich auf die zeitliche Abfolge der Verknüpfung eines vorangegangenen Reizmusters mit dem nachfolgenden Verhalten bezieht.

Diese sehr verlässlichen, da auf hundespezifischen verhaltensbiologischen Erkenntnissen basierenden Lernformen, gehen weit über assoziative Konditionierungen hinaus, weil das hundliche Bindungsverhalten sowie die ausgeprägten sozialen Motivationen von Hunden Berücksichtigung finden.

Auch im **Hundesport** sollte das Training von Hunden von deren verhaltensbiologischen Grundlagen ausgehen. Die Ausdauer, ja das Vermögen trotz stark ablenkender Umweltreize genau die Verhaltensweisen beharrlich durchzuführen, auf die sie trainiert sind, überzeugt bei gut sozialisierten Hunden, die hochmotiviert mit Menschen zusammenarbeiten: *Ochsenbein* (mdl. Mitteilung) berichtet von Versuchen mit männlichen Trümmersuchhunden, die zum Eruieren verschütteter Figuranten eingesetzt wurden, nachdem sich in diesen Trümmern läufige Hündinnen aufgehalten hatten und zudem Fleischstücke ausgelegt worden waren. Die Rüden ignorierten die „Verleitungsgerüche" und gelangten ohne merkliche Verzögerung zur Anzeige der menschlichen Geruchsvariante, auf die sie beim Training eingestellt worden waren.

Das entscheidende Stimulans dabei waren die Anwesenheit und das Lob des menschlichen Partners.

Eine Landespolizeihundeschule erbringt unter besten Zucht-, Aufzucht- und Haltungsvoraussetzungen, optimaler Ausbildung der Hundeführer u. a. ausgezeichneten Lebensbedingungen für die Hunde, Sonderleistungen mit diesen, die allein unter diesem hohen Anforderungsprofil möglich sind: so wurde über die polizeiinterne Ausgestaltung der Ermittlung hinaus erreicht, mit Hilfe eines methodisch sehr sorgfältig erstellten Geruchsspurenvergleichsverfahrens die Diskriminierung von Spurenlegern mit Spürhunden juristisch (als Ergänzung anderer beweiskräftiger Indizien) anzuerkennen.

Zu fordern sind also zum einen die Voraussetzungen für eine verhaltensgerechte Entwicklung der Hunde, die deren rasseeigene Besonderheiten fördert, zum anderen profunde Kenntnisse zur Biologie und den Bedürfnissen eines Hundes (der jeweiligen Rasse) bei den Diensthundeführern.

Ein ganz wichtiges Kriterium für deren Eignung zur Hundeausbildung ist zudem die Einstellung zum Tier, die durch echtes Interesse am Hund und seinem Verhalten und durch die Achtung seiner Bedürfnisse gekennzeichnet sein sollte. Daraus ergibt sich eine tiergerechte Arbeitsweise. Fehlerhafte Behandlung und ehrgeiziges Abrichten von Hunden bei mangelnden Kenntnissen über deren spezifisches Lernverhalten dagegen sind aus Gründen des Tierschutzes schärfstens abzulehnen und in der Verwertbarkeit der erbrachten Leistungen zudem als äußerst zweifelhaft anzusehen (*Most* und *Brückner* 1936).

Lernleistungen sind also stets von motivierenden Faktoren, so dem Temperament, der Sozialisation des Hundes an den Menschen, dessen Art der Einwirkung auf das Tier sowie der Anpassung der **Lernsituation an die hundlichen Verhaltensmöglichkeiten**, abhängig. Hunde verhalten sich tunlichst so, daß sie sich belohnt fühlen, sie suchen **attraktive** Ereignisse auf, die Zuwendung zu ihnen auslösen. Diese Motivation ist bestimmend für ihr Verhalten. So sollte Hundeerziehung überwiegend auf **positiver Verstärkung** basieren. Mit Verstärkung werden alle die Reize bezeichnet, die die Wahrscheinlichkeit des Auftretens einer Reaktion erhöhen. Die Technik des auf Belohnung basierenden Trainings bedarf starker Abstufung, damit Hunde differenziert zu reagieren lernen.

Positive Verstärkung sind (neben Futtergabe) Sozialspiel, Zuwendung in Form taktiler oder verbaler Kommunikation. Man unterscheidet zwischen **positiver und negativer Verstärkung**. Eine positive Verstärkung ist beispielsweise ein situativ neuer Reiz, der die Wahrscheinlichkeit des Auftretens einer bestimmten Reaktion unter ähnlichen Umständen erhöht. Negative Erfahrungen können aber gleichfalls zu einer Zunahme des Verhaltens führen. Dieses geschieht, wenn ein vorher vorhandener unangenehmer Reiz beim Auftreten eines bestimmten Verhaltens verschwindet, wodurch sich die Wahrscheinlichkeit des Wiederauftretens dieser Reaktion ebenfalls erhöht. In beiden Fällen bestimmt die Wirkung des Reizes auf die Reaktion und nicht die Art des Reizes, ob der

Reiz ein Verstärker ist oder nicht. Beide Verstärkungsformen führen zu einer **erhöhten Wahrscheinlichkeit des Auftretens der Reaktion** (*Lefrancois 1986*). Sie unterscheiden sich jedoch in ihrer Wirkung, auch wenn die Reaktion ähnlich erscheinen mag. So besteht ein wesentlicher Unterschied zwischen dem Lernen einer Annäherungsreaktion durch positive Verstärkung und dem Flucht- oder Vermeidungslernen, das zumeist aus der negativen Verstärkung resultiert.

Beispiele: Ein Hund kann etwa lernen, einen Gegenstand anzuzeigen, indem er dort unmittelbar nach dem Anzeigen in der gewollten Weise Lob und Zuwendung erfährt (positive Verstärkung). Die Konditionierung auf eine Anzeige kann auch über das Aufhören unangenehmer Einwirkungen (negative Verstärkung) geschehen, indem alle Verhaltensweisen, die nicht in Richtung des anzuzeigenden Gegenstandes führen, für das Tier unangenehm gestaltet werden.

In beiden Fällen wird sich die Wahrscheinlichkeit erhöhen, daß der Hund den Gegenstand anzeigt. Die auf Annäherung infolge **positiver Verstärkung** beruhende Reaktion ist erfolgreicher, motiviert weit stärker, da sie belohnend wirkt und soziales Kontaktbedürfnis befriedigt: Der Mensch kooperiert mit dem Hund, ermuntert ihn zur Suche, arbeitet mit, das Finden bedeutet dann für beide den Erfolg, ein Fakt, der dem Soziallebewesen Hund seine Zugehörigkeit zum Menschen und die soziale Bindung an ihn bestätigt, sicher **eine der stärsten Lernmotivationen für einen Hund**. Die negative Verstärkung dagegen beruht auf Flucht- und Vermeidungslernen, welches ursächlich für etliche Verhaltensfehlentwicklungen sein kann.

Aversive Ereignisse können beim Tier Abneigung auslösen, Tiere reagieren mit Flucht, Meideverhalten, submissivem Ausdrucksverhalten oder mit Schreien (Angst, Schmerz).

Anzeichen von Strafen sind für Hunde Motivationsauslöser für Meideverhalten, da die Emotionen durch Angst und Erleichterung gekennzeichnet sind (*Neville 1997*). **Gelerntes Meideverhalten kann hochstabil bzw. irreversibel sein.** Es ist somit schwierig, eine Extinktion (ein Verschwinden, ein Auslöschen) dieses erlernten Verhaltens zu erreichen. Extinktion ist übrigens nicht mit „Vergessen" gleichzusetzen, da die betreffende Handlung oder Verknüpfung bei Wiedereinsetzen der Verstärkung sofort wieder auftreten kann.

Erlernen von **aktivem Vermeiden** (bedingter Aversion) steht auch beim Menschen sehr häufig am Beginn extremer Verhaltensformen. Es kann zu starker Angst führen, so wie auch bei Hunden Strafsignale **Angst** auslösen können. Es handelt sich um einen Lernvorgang, der zu Vermeidungsreaktionen gegenüber zuvor neutralen oder sogar angestrebten Reizen führt, mit denen ein Tier schlechte Erfahrungen (Schreck, Schmerz, vegetative Störungen) gesammelt hat. Meideverhalten kann aus einer Hemmung der Annäherung oder Berührung oder aus aktiver Flucht bestehen. Bislang selbstsichere Hunde können infolge traumatischer Erfahrung mit Strafreizen beim Training irreversibel, also ihr Leben lang, hochgradig ängstlich oder auf andere Weise neurotisch werden.

Nach *Neville (1998)* unterscheiden sich die Reaktionen eines Hundes auf Belohnung und Strafen durchaus nach seiner Veranlagung. Extrovertierte Charaktere sind weniger ängstlich und lernen gut mit Belohnung und schlecht mit Strafen. Hunde mit introvertiertem Wesen reagieren besser auf Strafreize. Dennoch, bei Bestrafungen ist stets Vorsicht geboten:

Das Auslöschen von aktivem Vermeiden durch Bestrafen einer Antwort zu beschleunigen, ist gefährlich.

Beispiel: Ein Hund, der an der Leine zieht, wird zurückgerissen, um ihm das Kommando „Bei Fuß" beizubringen. Diese Bestrafung ist überaus geeignet, das bestehende Vermeiden zu verstärken. *Neville (1997)* spricht vom Vicious circle behaviour („Verhaltens-Teufelskreis" Circulus viciosus des Verhaltens), wenn der Hund beim Training des „Bei Fuß Gehens" an den Hacken seines Ausbilders „klebt" – und damit ein belastendes Verhalten demonstriert, das ritualisiert wurde und „masochistisch" anmutet. Hebt der Hundeausbilder unbewußt den Arm, vielleicht auch einfach, um seine Mütze zurechtzurücken, so duckt sich der Hund sofort und nähert sich dem Bein des Menschen, weil ihm dieses Bein ein Sicherheitssignal wurde, das unangenehme Einwirkungen (Strafen) vermeidet oder beendet. Diese Situation erinnert an einige Hunde, die mit Elektroreizgeräten trainiert wurden und Vermeidungslernen in vielfältiger Ausprägung entwickelten (Assoziation mit dem Elektro-Halsband oder dessen Attrappe bzw. Vermeidungslernen in bestimmten Situationen und Lernen von Hemmungen dem Hundehalter gegenüber) (s. u. V). Im Unterschied zu dem beschriebenen „Bei Fuß Gehen", ist das Vermeidungslernen im Zuge der Dressur mit Elektroreizen jedoch in keiner Weise erfolgreich, da es hier keine Entlastung für den Hund ermöglicht, nicht einmal eine kurzfristige. Wenn Halsband und drohender Elektroreiz assoziiert wurden, befindet sich das Tier in einer hoffnungslosen Situation, es gibt keine Sicherheitssignale, durch die das erhebliche Leiden bei entsprechendem Verhalten vermindert werden kann und der Hund Entspannung findet. Es ist eine Situation des „Psychoterrors".

Die meisten Hunde lernen besser über Belohnungen als durch Strafen.

Was ist **Belohnung oder Lob?** Belohnung wird alltagssprachlich als angenehme Erfahrung verstanden. Experimentalpsychologisch bedeutet es Futtergabe, **ethologisch ist damit eine Verstärkung, Bekräftigung eines Verhaltens** gemeint. *Ferdinand Brunner*, der Wiener Verhaltensspezialist, definiert Lob sehr treffend als „Lusterwartung als Motivationsfaktor beim Lernen". Und genau das wollen wir ja erreichen.

Es gibt Hunde, die ausschließlich über positive Verstärkung von Verhaltensweisen zu trainieren sind, bei anderen ist allein diese Form der Konditionierung nicht so erfolgreich.

Das Training sollte der individuellen Wesensart des Lernenden angepaßt sein. Und Strafen müssen durchaus **nichts mit physischer Züchtigung zu tun haben** (s.u.). Wenn von Strenge die Rede sein wird, so sind nicht Roheit und Brutalität oder unpersönliche Gefühllosigkeit gemeint, sondern schlicht Unnachgiebigkeit, Konsequenz. Wie sollen Hunde Lebewesen verstehen, deren Motivationen durch ständige Änderungen gekennzeichnet sind? Die Kontrollinstanz „Mensch" ist eine schwierige Hürde für den lernfähigen und lernmotivierten Hund, denn sie ist durch extreme Subjektivität gekennzeichnet – und viele unsinnige Überlieferungen. „Hunde sind wie Kinder und müssen auch so erzogen werden". Hunde sind hochsoziale domestizierte Raubtiere mit einem großen Ausdrucksreichtum, der uns ihre Befindlichkeiten, ihre Gestimmtheiten verrät. Bei der Kommunikation Hund – Mensch ist zudem zu berücksichtigen, daß die ererbten Verhaltensprogramme von Haushunden gerade dem Sozialpartner Mensch gegenüber „offener" sind, was das soziale Lernen Hund – Mensch erheblich erleichtert.

Die Belohnung von „erwünschtem" Verhalten ist wichtiger als die Bestrafung des „unerwünschten" Tuns, da die Hauptwirkung der Bestrafung eine **vorläufige Unterdrückung** des bestraften Verhaltens ist, die Motivationen werden in der Regel nur kurzfristig unterdrückt, positive Maßnahmen hingegen, die ein bestimmtes Verhalten fördern, sind geeigneter, Problemverhalten zu eliminieren – und zwar **langfristig**. „Erziehung" oder Training ist Kommunikationslernen – auf beiden Seiten.

Der Trainer muß wissen, wie er mit seinem Hund erfolgreich arbeiten kann. Wichtig ist, stets das richtige Verhalten zu belohnen, also akribisch genau darauf zu achten, daß stets jedes Signal (Wort, Geste) mit der Zielantwort verbunden wird. Nur so kann „richtiges Lernen" verstärkt werden. Die Lernschritte können sehr subtil werden, denn Hunde achten sehr auf unser Verhalten – und reagieren auf feinste Gesten. Diese müssen indes für sie nachvollziehbar sein und sollten sich stets der Motivationsförderung bedienen, also möglichst viel mit Belohnung arbeiten. Ein Training, das „Spaß" macht, konsequent vom Trainer durchdacht ist, somit zu keinen Frustrationen beim Hund führt, ist angenehm für Hund und Mensch und führt zu einem immer besseren Verstehen der Signalfolgen auf beiden Seiten. Hunde wollen lernen, sie müssen lernen, um sozialverträglich und in ihrem Verhalten lenkbar zu werden – ihre Ausbilder müssen „nur" wissen, wie Hunde lernen und hundliches Verhalten kennen.

Sind Strafen sinnvoll bei der „Hundeerziehung"?
Lernen unter Zwang ist uneffektiv und entbehrt des vernünftigen Grundes, wie ausgeführt wurde.

Belastung (sozialer Stress, akut und chronisch) und dessen physiologische, ethologische wie morphologische Folgen führen zu starken Einschränkungen sowohl des Lernerfolges als auch des individuellen Wohlbefindens und bewirken langanhaltende neuronale Veränderungen.

Alltagssprachlich sind Strafen unangenehme Erfahrungen (psychisch und physisch), die abschreckend in bezug auf eine Wiederholung bzw. auch Denkanstoß für schuldhaftes Verhalten sein sollen. Schuldhaftes Verhalten, welches es beim Tier nicht gibt, da es über sein Verhalten nicht reflektiert, bezieht sich dabei auf Verstöße gegen Normen der Gesellschaft.

Der Begriff der **Bestrafung** wird von Ethologen anders definiert als von Tierhaltern. Ein bestrafendes Ereignis ist etwas Unangenehmes, das die zukünftige Wahrscheinlichkeit oder Häufigkeit eines Verhaltens verringert, wenn es sofort nach dem Verhalten erfolgt (*Borchelt & Voith 1985*). Lautes Reden, in die Hände Klatschen oder laute Geräusche können in diesem Sinne eine Verhaltensmodifikation bewirken. Ferdinand *Brunner*: „Strafe" ist der falsche Ausdruck. Dem ist beizupflichten, weil Strafe umgangssprachlich physische Bestrafung impliziert. Richtiger wäre es, all das zu benennen, was demotivierend wirkt, Unlust bedingt. So wirkt das **Ausbleiben von Belohnung als Strafe im ethologisch verstandenen Sinne**. Und dieser Strafreiz ist hoch wirksam. Noch besser ist, das Ausbleiben von Belohnungen zu üben, um dann über die neu gelernten Reiz-Reaktionzusammenhänge letztendlich durch ein Wort oder eine Geste anzukündigen, daß jetzt die Belohnung ausbleibt. Über hundegerechtes Training sind wir hier wieder zur subtilen Kommunikation gekommen. Experimentalpsychologisch sind Strafen solche Reize, die Tiere fürchten, etwa Elektroschocks, elektrische Stimulationen und andere Strafreize.

Bei der Erziehung und Ausbildung von Hunden sind unangemessene Härte, Hilfsmittel, die Schmerzen oder Leiden verursachen und unter anderem Dressuren, die ein Verhalten erzwingen, das nicht arttypisch ist, zu vermeiden. Hundetrainer, die nach altüberlieferten Methoden arbeiten, verstehen unter Strafe das Gegenteil von Lob oder Belohnung. **Das Gegenteil einer Belohnung hingegen ist nicht der Strafreiz, vielmehr das Entziehen eines Lobes oder das Nicht-Belohnen.**

Für den Nachweis der Effektivität von Strafe verweist *Neville (1997)* auf die Beachtung folgender Sachverhalte:

1. Stärke der Strafe: Verhaltensfehlentwicklungen, die zu vollständigem, irreversiblem Unterdrücken von diversen Verhaltensmotivationen führen, sind nach starken Strafen häufiger. Nicht selten wenden Hundetrainer übermäßig große Gewalt an und verstärken diese noch, wenn ihre Hunde vermeintlich nicht erfolgreich arbeiten. Gewaltanwendung beim Training ist sinnlos, gefährlich und tierschutzrelevant (s. u. III.1.).

2. Verspätete und / oder unregelmäßige Strafen: Die zeitliche Abstimmung mit dem „nicht erwünschten Verhalten" muß exakt sein: der Strafreiz sollte dem zu korrigierenden Verhalten „auf dem Fuße" folgen, besser noch dann erfolgen, wenn allein die Intention zu diesem Verhalten bemerkt wird. **Vor** dieser Stimmungsbewegung zu strafen hingegen, kann die Hunde daran gewöhnen, die Strafe als Signal oder Stimulus mit dem Ausführen des zu unterdrückenden Verhaltens zu assoziieren. Außerdem sollte

in entsprechendem situativem Kontext stets ein ganz bestimmtes Reagieren oder Verhalten des Hundes regelmäßig gleich bestraft werden.

Fazit:
Die Belohnung von „wünschenswertem" Verhalten ist wichtiger als die Bestrafung des „unerwünschten" Verhaltens, da die Hauptwirkung der Bestrafung eine vorläufige Unterdrückung des bestraften Verhaltens ist, positive Maßnahmen hingegen, die ein bestimmtes Verhalten fördern, gleichfalls dazu geeignet sind, Problemverhalten zu eliminieren.

„Passives Vermeiden", das Vermeidungsverhalten reaktiv auf ein Signal, veranlaßt Hunde zur Reizantwort, die zur Strafe bzw. zur Nicht-Belohnung geführt hätte. Die Belohnung, die Hunde durch das Vermeiden erfahren, kann durch den Einsatz eines Sicherheitssignals verstärkt werden. Dieses Signal bedeutet den erfolgreichen Abschluß einer Vermeidungshaltung und bedeutet weder Strafe noch Frustration (*Neville 1997*). Während ein Warnsignal Vermeidung auslöst, ermöglicht das Sicherheitssignal Annäherung – und wird so zum Spiegelbild des Warnsignals.

Strafe erreicht den Organismus über die „noradrenerge Schiene", dagegen führt frustrierende Nicht-Belohnung zur Hemmung von motorischem Verhalten über die „Serotonin-Schiene". Ein ruhiger, abwartender Zustand wird so erreicht, ein Zustand, in dem das zu beeinflussende Tier berechenbar ist. Bedingt durch die gefühlsmäßigen Auswirkungen von Frustation auf das Verhalten des Hundes, kann mit diesem ein flexibles Verstärkungs-Lernprogramm durchgeführt werden. Konfliktsituationen entwickeln sich, wenn z. B. beim Hund ein Vorgefühl auf eine Belohnung oder eine Strafe für das gleiche Verhalten zu einer gefühlsmäßigen Störung führt. Aus den bisher gewonnenen Erkenntnissen resultiert, daß Ergebnisse, die durch Nicht-Belohnen erreicht werden, mindestens ebenso erfolgreich sind wie Strafen. Bei Nicht-Belohnung allerdings fehlt die Gefahr der negativen Nebeneffekte, ausgelöst durch Angst vor Strafe. Im praktischen Training wird diese Erfahrung erfolgreich mit Hunde-Trainings-Scheiben eingesetzt, die vom Hundeverhaltenstrainer *John Fisher* entwickelt wurden. Über ein Einführungstraining kann das spezielle Geräusch dieser Scheiben dazu genutzt werden, jede nicht gewünschte Handlung des Hundes zu unterbrechen (Vermeidungsantwort des Hundes wird durch Beruhigung durch seinen Besitzer, das Sicherheitssignal, „entspannt").

Verhaltensgerechte und tiergerechte Trainingsmethoden basieren auf der richtigen Einstellung zum Hund (s. u. l.), werden mit Geduld und Freude am Tier durchgeführt. Die Instrumentalisierung des Hundes zum „Pokalbringer", der den Züchter und Halter aufwertet, ist nicht selten mit zuviel ungesundem Ehrgeiz verbunden. Diese Einstellung zum „Sportgerät Hund" schadet der Mensch – Hund – Beziehung und führt für letzteren nicht selten hochgradig tierschutzrelevante Situationen herbei.

Mit einem Hund zu arbeiten, ist relativ einfach, ihm die alltäglichen Zeichen für „Sitz", „Platz" und „Komm" u.s.w. beizubringen, erfordert wahrlich keine Elektro-Stimulation (s. u. V.), vielmehr die Fähigkeit, den Hund zu motivieren, eine positive Stimmung aufzubauen und Fakten zum Lernverhalten zu beherrschen.

Auch bei Hunden, die leicht abzulenken sind, ist das Lernen von Kommandos aus dem Bereich der „Unterordnung" z. B. als konsequentes Beharren darauf, daß jedes akustische Signal (bestimmtes Wort) mit der gewünschten Reaktion beantwortet wird, zu erreichen, um dann die Lern-Antwort verstärken zu können, also das **richtige** Verhalten zu belohnen.

III.1. Unangemessene Bestrafungsmethoden

Im §1 des Deutsch. TIERSCHG heißt es auch nach der Novellierung 1998 noch „ ... Niemand darf einem Tier ohne **vernünftigen** Grund Schmerzen, Leiden oder Schäden zufügen". Im Schweiz. TIERSCHG wurde bereits 1978 „ohne vernünftigen Grund" durch „ungerechtfertigt" ersetzt. Schließlich sind bei der Abwägung des „vernünftigen Grundes" neben wirtschaftlichen und gesellschaftspolitischen Interessen auch die „Interessen der Tiere" entscheidend. Diese können von den Tieren nicht selbst vertreten werden, so muß der Mensch als „Advokat der Tiere" auftreten und begibt sich damit unweigerlich in ein Dilemma (*Stauffacher 1993*). Die Ansprüche der Menschen sind denen der Tiere übergeordnet, denn der größte Teil der Bevölkerung will Tiere zum eigenen Wohl nutzen – und das gilt nicht allein für die sog. Nutztiere, sondern ebenso für die Heimtiere, die Kumpane. Diese werden ebenso genutzt, benutzt oder zu anthropozentrischen Zwecken ausgenutzt. Eine gewisse Einschränkung der Lebensansprüche auch von Hunden läßt sich mit dieser sozialen Nutzung oder Nutzung im Schutzhund-, Blindenführhund- bzw. Jagdhundbereich grundsätzlich stets rechtfertigen. Wie weit diese Einschränkung gehen darf, ist von der Ethologie zu beantworten, denn „tiergerechter Tierschutz" oder „wissenschaftlicher Tierschutz" wird nur auf der Basis naturwissenschaftlicher Kenntnisse erreicht.

Dieses gilt gleichsam für den Umgang mit Hunden und hier besonders für deren „Erziehung", Training oder „Therapie".

Aufgrund mangelnder Bindung an den Hundehalter durch geringe Vertrautheit oder wiederholte negative Erfahrungen mit Menschen in früheren Beziehungen, kann auch das aktuelle Verhalten des Hundes von Angst und Mißtrauen dem Menschen gegenüber geprägt sein. Ein und derselbe Strafreiz kann bei sozial bereits verunsicherten, ängstlichen Tieren ganz andere Auswirkungen haben als etwa in einer gefestigten Hund-Mensch-Beziehung. Durch Bestrafung ausgelöste Aufregung und Angst kann die Lern- und Aufnahmefähigkeit des Hundes zeitweilig völlig blockieren und bedingte Aversionen sowie Hemmungen hinsichtlich der weiteren Kommunikation mit dem Menschen hervorrufen. Jede zusätzliche Strafmaßnahme wird das „unerwünschte Verhalten" des Tieres noch weiter verstärken und die soziale Bindungsbereitschaft des Hundes an den Menschen immer weiter erschweren. Das Erlernen (zumal komplizierter) Ausbildungsinhalte, so auch die Umkonditionierung „unerwünschten" Verhaltens, basiert bei so hoch sozialen Tiergruppen wie den Caniden ganz zentral auf deren sozialer Bindungsbereitschaft (*Grahovac 1993, 1998*). Lernen unter chronischem Stress und Angst ist auch deshalb so erfolglos.

Ebenso wie die „Erziehung" eines Hundes, darf diesem auch die Ausbildung keine Schmerzen verursachen und zu keinen Schäden führen. Abzulehnen sind Hilfsmittel, die geeignet sind, den Hund zu schädigen, ihm Schmerzen oder Angst zuzuführen:

Der Einsatz von lautem Schreien, die Anwendung schmerzhafter Maßnahmen, wie Schlagen oder anderen physischen Bestrafungen des Hundes, das Anlegen von Würge- und Stachelhalsbändern, Elektroreiz-Halsbändern (s. u. V) oder anderen instrumentellen Fernbedienungsstrafen (z.B. Anti-Bell-Halsbänder), ist völlig zu unterlassen (*Neville 1997*). Durch diese Strafen nach unserem Wortsinn und -verständnis wird wesentlich mehr Schaden als Nutzen angerichtet. Folgen unangemessener Anwendungen von Bestrafungen (Auslösung aggressiven Verhaltens, vermeidbare Leiden von Hunden, Angstprobleme) sind unnötig, den Bestrafungen fehlt der vernünftige Grund, sie sind damit abzulehnen. Drohen, Würgen und Verprügeln eines Hundes mindert sicher nicht das Auftreten von und / oder die Häufigkeit von „unerwünschtem Verhalten".

Zudem erwecken Schläge u.U. die Angriffsbereitschaft des Hundes – und Menschen sollten sich auf Ernstkämpfe tunlichst nicht einlassen, da zumal größere Hunde im Vorteil sind. Nach *Askew (1993)* ist diese Form der Bestrafung eine der häufigsten Auslöser der sog. Dominanzaggression, weil sozial expansive Hunde bereit sind zu kämpfen, wenn der Tierhalter ihr Knurren und Beißen mit Gewalt unterdrücken will.

Schließlich verweist *Schwitzgebel (1986)* mit Recht darauf, daß die dominante Position eines Hundes stabiler wird, wenn der Mensch als Verlierer aus so einer Auseinandersetzung hervorgeht. Es gilt, ritualisierte Verhaltensweisen, also Formen hundlicher Kommunikation zur Vermeidung von Ernstkämpfen zu nutzen. Starke Schläge und Verprügeln eines Hundes sind also ebensowenig sinnvoll wie tiergerecht und zudem unnötig, somit entfällt der vernünftige Grund (§ 1 TierschG) der Schmerzen, Leiden oder Schäden, die Prügel zur Folge haben, rechtfertigen könnte. *Askew (1993)* betont, daß physische Bestrafung defensiv-aggressiver Hunde deren Angst bzw. Aggressivität zu steigern vermögen. Der Tierhalter steigert daraufhin die Intensität seiner Bestrafungen und die Probleme mit seinem Hund werden größer.

Wie angeführt, muß Schmerzzufügung nach unserem Tierschutzgesetz durch den „vernünftigen Grund" gerechtfertigt sein. Dieser ist hier nicht gegeben, da mit anderen Maßnahmen sogar bessere Effekte zu erzielen sind. Zwangsmaßnahmen sollten, so *Neville (1997)* der Vergangenheit angehören, da wir heute so viel mehr über das Lernverhalten von Hunden wissen als früher: „Neuzeitlich ausgebildete Trainer und Verhaltenstherapeuten wissen, daß der Gebrauch von Würge- und Stachelhalsbändern, Elektroreizhalsbändern, Alarm-Anlagen oder „Fernbedienungsstrafen" wie Anti-Bell-Halsbändern, die Zitronensäure versprühen, wenn ein Hund bellt, nicht mehr länger toleriert werden können! Diese erschreckenden Lern- und direkten Strafmethoden und Ausrüstungsgegenstände verursachen mehr physischen und psychologischen Schaden, als daß sie nützen". Hunde, die mit Würgehalsbändern ausgebildet werden, lernen Vermeidungsverhalten durch Schmerz und Strafe bzw. zu erwartenden Schmerz. Zudem resultieren in der Regel ausgeprägte physische Schäden: Nackenschäden und andere Verletzungen. Bleiben Verletzungen aus, so sind es doch oft psychische Folgen, die später auftreten: unterschiedliche Verhaltensprobleme, verschiedenste Formen inadäquater Aggression, ausgelöst durch Angst.

Eines wird in jedem Fall nach dem Gebrauch der genannten physischen Bestrafungsmittel beschädigt oder gar zerstört sein: das Verhältnis des Hundes zum Hundehalter. Vielleicht gibt es für den mißhandelten Hund eine allgemeine Menschenfreundlichkeit fortan überhaupt nicht mehr.

Da nun erwiesen ist, daß Tiere als Folge der Schmerzzufügung Angst entwickeln, den Hundehalter meiden, was Bindungsprobleme schafft und schlechter lernen, ist zu unterlassen, mit Schmerzzufügung und „Härte" zu erziehen. Henry *Askew (1993)* verweist mit Recht auf folgenden Teufelskreis: Schlagen bewirkt Angst vor dem Besitzer, beim Hund resultiert Beißen aus Angst, erneute Bestrafung der „Angstbeißer" führt zur Angst- und Aggressivitätssteigerung. Bei offensiv – aggressiven Hunden ist physische Bestrafung das Signal zum Ernstkampf. Ernstkämpfe nun zwischen Mensch und Hund sollten durch Umgehen der sie auslösenden Situationen tunlichst vermieden werden.

„Natürlich muß der Mann sich selbst bei dem Hund durchsetzen und ihn schlagen, u.U., nachdem man ihm einen Maulkorb aufgesetzt hat. Es gibt zwei Möglichkeiten: entweder der Hund ordnet sich allen Familienmitgliedern unter und wird Rangtiefster oder er wird aus der Familie entfernt" (*Bernhard Grzimek*). „Die meisten Hunde nehmen Schläge auffallend willig hin" (*Fischel 1961*).

Diese Zitate müssen der Vergangenheit angehören. Tobjorn *Owren (1996)*, der norwegische Verhaltensspezialist, der 1997 so viel zu früh verstarb, brachte Unsinnigkeit und Qual der physischen Bestrafung auf den Punkt, indem er den Satz: „Du bist der Chef", als einen der schlimmsten Aussprüche, bezogen auf den Hundebesitzer, bezeichnete und die ihm zugrundeliegenden „verquasten Mythen" in bezug auf die „Beherrschung" von Hunden analysierte. *Owren* hat die Eskalation der Gewalt sehr fein beschrieben: den Hundehalter, der die Beherrschung verliert und seinen Hund verprügelt, zum Tierarzt kommt und zur Diagnose des gebochenen Beckens beim Hund sagt: „Pardon, aber ich warf gerade einen Stuhl auf den Hund, um zu zeigen, daß ich der Chef bin". In ähnlicher Form kann die Ausbildung mit Elektroreizgeräten eskalieren, wenn die erste Applikation eines Stromreizes erfolglos bleibt – und der Hundebesitzer / Ausbilder die „Chefeinstellung" hat und seine Emotionen / seinen Zorn wenig zu beherrschen vermag.

„Als hinderlich für die Kommunikation mit dem Partner Hund und vom TierschG her abzulehnen sehe ich die technischen Hilsmittel Teletakt, Bellstop, Ultraschallhalsbänder, Ultraschallzäune etc. an" schreibt *Dr. W.-D. Schmidt*, Kleintierarzt und Verhaltenstherapeut, der etliche ethologische Grundlagenseminare und darauf aufbauend verhaltenstherapeutische Fortbildungsveranstaltungen (Hund, Katze) ausrichtete und die außerordentlich erfolgreichen „Wolfburger Fachtagungen" ins Leben rief, die ein wichtiges Diskussionsforum für Tierärzte, Biologen und Psychologen wurden, die ihr Wissen zur Mensch – Tier – Beziehung vertiefen wollen.

IV. Einsatz von Elektroreizgeräten bei der Ausbildung von Hunden

„Unerwünschtes Verhalten", zumeist normales Hundeverhalten, das durch Probleme der Mensch-Hund-Kommunikation in Form „ritualisierter Mißverständnisse" auftritt, bedingt also durch nicht tiergerechten Umgang des Menschen mit seinem Hund, soll nach dem Wunsch vieler Hundehalter möglichst schnell und mit wenig Aufwand beseitigt werden.

Auf diese anthropozentrische Erwartungshaltung etlicher Menschen ihrem Tier gegenüber hat der Kleintiermarkt reagiert: Geräte zur gewünschten Verhaltensbeeinflussung über Strafreize (elektrische, olfaktorische, akustische) stehen hoch im Angebot. So etwa die *Tweet* – Trainingshilfe (Fa. Kleinmetall), mit der dem Leineziehen von Hunden begegnet werden soll.

Sie arbeitet, ebenso wie die Geräte, die das akustische Ausdrucksverhalten beeinflussen (unterdrücken) sollen, nach dem Prinzip des unmittelbaren „Abtrainierens" den Menschen störender Verhaltensweisen, was außerordentlich subjektiv ist. Die Lebenssituation des Tieres, die Entwicklung der sog. Störung wird nicht hinterfragt. Nicht selten sind die Auffälligkeiten des Hundes Indikatoren einer schadensträchtigen Haltungsumgebung, Symptome für ein herabgesetztes Wohlbefinden. So sei vorangestellt, daß diese Form der Konditionierung, die mit mehr oder weniger ausgefeilter Technik bei Belassen einer belastenden Lebenssituation (Isolierung beispielsweise) hochgradig tierschutzrelevant ist.

Zunehmend werden sog. „Bell-Stop-Geräte" als Erziehungshilfe gegen „unerwünschtes" Bellen auf dem Kleintiermarkt angeboten. Es handelt sich dabei zum einen um Elektro-Dressurgeräte, die nach dem Prinzip der bekannten

Teletakt-Geräte funktionieren, ferngesteuerte Geräte, welche die Tiere am Halsband tragen und die auf entsprechende Signale Stromstöße abgeben. Der dadurch beim Tier ausgelöste Schreck und Schmerz soll den Hund auch hier an Verhaltensweisen hindern, die vom Hundehalter unerwünscht sind (*Feddersen – Petersen 1997*).

Teletakt-Geräte oder Elektroreizgeräte anderer Firmen werden seit Jahrzehnten immer wieder zur **Schutzhundeausbildung** eingesetzt, nicht selten unter hochgradig tierschutzrelevanten Bedingungen, und sie finden auch bei der **Jagdhundeausbildung** Anwendung.

Zunehmend sollen sie hundliches „Fehlverhalten" (Verhaltensabweichungen bis Verhaltensstörungen) korrigieren, finden somit bei der **Therapie verschiedenster Verhaltensprobleme** Verwendung. Und sie sollen die „Erziehung", das Training der ganz alltäglichen Befehle, wie „Sitz", „Platz" u.s.w. „erleichtern" und „beschleunigen". So werden bereits Junghunde zunehmend zu einer Art „Grundausbildung" in Hundeschulen abgegeben, wo sie mit Hilfe von Elektroreizgeräten das assoziieren sollen, was im **Kommunikationslernen** (s. u. I.1.) mit dem Bindungspartner Mensch in differenzierter Form und entspannter Atmosphäre erfolgen müßte, um **verhaltensgerecht, tiergerecht** und **erfolgreich** zu sein. Nicht bedacht wird bei dem „Drill" auf dem Platz, ähnlich wie später beim entsprechend betriebenen Hundetraining auf dem Platz, daß Hunde neben vielen anderen Faktoren auch **unangenehme Erfahrungen und bestimmte Orte assoziieren**. Was Junghunde in 2 – 3 wöchigen Kursen mittels Elektro-Stimulierung auf bestimmten Plätzen erleben, wirkt sich ganz sicher nicht zuhause mit der Familie in Form eines „eingespielten Gehorsams" ab. Vielmehr ist Unsicherheit und Bindungsschwäche des Junghundes zu erwarten. Im günstigeren Fall. Nicht selten kommt ein verhaltensgestörter Hund zurück, verändert in einem sehr problematischen, negativen Sinne.

Im „Hundesport" wollen Erfolge erzielt werden – und Elektroreizgeräte gelten für etliche Hundesportler als Zubehör zu einer „Ausrüstung", die unerläßlich für die Konditionierung eines „Spitzenhundes" ist. „Moderne Technologien" gehören dazu, meint man.

Besonders schädigend ist ihr unkundiger, teilweise kontraindizierter (Angstprobleme!), oder in der Intensität unangemessener verspäteter Einsatz (nicht das „unerwünschte", sondern das unmittelbar vorausgehende Verhalten wird mit dem Strafreiz verknüpft), der dem Hund gar keine Möglichkeit der Assoziation mit dem Unterlassen eines bestimmten Verhaltens vermittelt, ihn nur zunehmend verunsichert und letztendlich im Extrem irreversibel schädigt, da es unter etlichen Gegebenheiten keine Möglichkeit für ihn gibt, den Strafreizen auszuweichen, sie etwa durch verändertes Verhalten gezielt zu vermeiden.

Zudem ist es schwierig, das Gerät auf die angebrachte Intensität (wirksam, aber nicht unnötig schmerzhaft) individuell (es existiert offenbar einer sehr hohe interindividuelle Variabilität bei Hunden – und anderen Säugetieren – eingeschlossen Menschen) bezüglich der Äußerung von Unbehagen, Schreck, Schmerz, ausgeprägtem Schmerz sowie der möglichen Schädigungen, die später auftreten) einzustellen und diese Einstellung dann unter den unterschiedlichsten Fell- und Luftfeuchtigkeitsbedingungen zu halten. Hinzu kommt das für mich **unlösbare** Problem der **mißbräuchlichen Anwendung** dieser Geräte.

IV.1. Apparate, deren Wirkungsweise und Art der Konditionierung

Trainergesteuerte Elektro-Dressurgeräte, die nach dem Prinzip der bekannten Teletakt-Geräte funktionieren, sind ferngesteuerte Empfangsgeräte, welche die Tiere an einem speziellen Halsband tragen, so daß der integrierte Funksignale-Empfänger derart am Hund befestigt ist, daß die Elektroden, die auf entsprechende Signale Stromstöße abgeben, mit der ventralen Seite des Hundehalses Kontakt haben. Der Hundetrainer trägt einen kleinen UKW-Sender bei sich, der Hund den entsprechenden selektiven Empfänger zur Fernbedienung. Der durch einen elektrischen Strafreiz beim Tier ausgelöste Schreck und Schmerz soll den Hund beispielsweise an Verhaltensweisen hindern, die vom Hundehalter nicht gewollt sind (Weglaufen, Wildern). Bei Geräten neuerer Bauart sind die Reizstärken variabel einstellbar (Stärke 1 – 5) und zusätzlich können akustische Reize (Pfiff u. a. Ton) ausgelöst werden, um den drohenden Elektro-Reiz anzukündigen, so daß der Hund assoziativ lernen kann, ihn durch sein Verhalten zu vermeiden.

Zusätzlicher Bestandteil ist ein Attrappenhalsband, welcher bei fehlender elektronischer Einheit bezüglich aller anderen Ausführungsmerkmale mit dem Elektroreizhalsband übereinstimmt. Zu behandelnde Hunde sollten diese Attrappe vor der Anwendung des Gerätes über eine Zeitdauer von 14 Tagen täglich über mehrere Stunden tragen (*Heßling 1997*). So soll eine Assoziation der später zu verabreichenden Elektro-Reize mit dem Originalgerät vermieden werden. Nach Fallbeispielen (s. u. VI) und eigenen Beobachtungen, kommt es jedoch sehr oft gerade zu dieser Assoziation, da es ja stets das „Attrappenhalsband" ist, welches vermeintlich traumatisierte bzw. Schmerzen o.a. unangenehme Empfindungen auslöste. Da Hunde diese Erfahrungen nie mit ihrem normalen Halsband machen, muß es im Verlauf der Elektroreiz-Dressur zu einer **Assoziation kommen, die Hunden erheblich und anhaltend schadet.**

Wie etliche Befunde aus tierexperimentellen Laboruntersuchungen, die vorzugsweise an Ratten durchgeführt wurden, zeigen, geht gleichzeitig mit assoziativen Lernprozessen ein Aufbau bestimmter Erwartungshaltungen einher (*Wiepkema et al. 1989*). Werden Erwartungshaltungen auch nur im Detail nicht erfüllt, können hieraus weitreichende **Verhaltensstörungen** die Folge sein.

Eindrucksvolle Befunde hierzu kennen wir im Zusammenhang mit der Lernform der **Operanten Konditionierung**. Diese experimentellen Verfahren, in deren Verlauf eine Verhaltensweise oder eine andere Reaktion von bestimmten Bedingungen abhängig wird, sind in der Regel **relativ starr**, anders als Verknüpfungen durch „Versuch – und Irrtum – Lernen" beim freilebenden Tier (*Immelmann 1982*).

So ist die Anwendung ihrer Erkenntnisse für die Praxis der Hundeausbildung mit Vorsicht zu betreiben (*Denny 1983*, reaktiv auf die Konditionierungsversuche von *Tortora 1983 a*).

In jedem Fall sind ausgefeilte lerntheoretische und lernexperimentelle Erfahrungen des „Experimentators" nötig, um schwerste Verhaltensfehlentwicklungen zu verhindern. Daß Hunde erfolgreich nach dem Prinzip des Lernens von neuen Coping-Strategien ihr Verhalten verändern können, indem sie neue Sicherheit gewinnen, etwa nach dem Prinzip des „Safety Trainings" (*Tortora 1983 b*) wird nicht bezweifelt. Die Gefahr liegt vielmehr in der starken Vereinfachung sehr labiler „tierlicher Systeme", die bereits bei leicht undifferenzierter Handhabung zu verheerenden Folgen für den Hund führen können. *Tortora (1983 a, b)* hat mit Hunden, die in der Folge neurotischer Fehlentwicklungen Aggressionen infolge Vermeidungslernen entwickelt hatten, in Lernexperimenten, die den Hunden nach Beendigung elektrischer Stimulation einen neutralen Reiz boten, nachgewiesen, daß dieser über den Prozeß der Klassischen Konditionierung zu einem Sicherheitssignal für die Tiere wird. „All in all, the data seem to suggest that safety training may create in dogs a sense of control over environmental stressors" (*Tortora 1983 b*). Die Dressur bedingte, daß die völlig verunsicherten Hunde soziale Coping-Möglichkeiten lernten, die ihre soziale Sicherheit stabilisierten. *Tortora (1983 b)* zieht in Erwägung, daß der kognitive Prozeß, den die Hunde durchlebten, so etwas wie die Antithese „Erlernter Hilflosigkeit" ist.

„Erlernte Hilflosigkeit" tritt als Überforderungseffekt auf, wenn Tiere im Experiment sensorische Differenzierungen bei Diskriminationsversuchen nicht mehr bewältigen können. Eine solche Versuchssituation hat verheerende Auswirkungen und führt zu experimentell bedingten Neurosen (*Buchholtz 1993*). Die Erwartungen sind ausgeblieben, es kommt zum Zusammenbruch. Stabilisierung kann wiedergewonnen werden durch „entspannungsverheißende Signale". Folgt bei konditionierten Aktionen gegenüber bestimmten Reizsituationen entgegen bisherigen Erwartungen keine Belohnung oder gar eine Bestrafung, führt dieses zu außergewöhnlichen Verhaltensstörungen. Die Symptomatik ist durch Angst gekennzeichnet, Schadensvermeidung ist nicht möglich, der Zustand kann in extremen Fällen Todesfolge haben. Experimentalpsychologische Untersuchungen wären in größerem Ausmaß wünschenswert, um die Genesen dieser Entwicklungsstörungen zu analysieren.

Experimentalpsychologische Methoden mit Elektroreizen, Warnsignalen und Entlastungssignalen zur Verhaltenstherapie von Hunden erfordern eine wissenschaftliche Ausbildung und darauf basierende praktische Kenntnisse, will man diese Methoden als „Training" ohne ständige „Unfälle" einführen. Es stellt sich die Frage, ob es keine anderen Möglichkeiten zur Therapie **schwerster Verhaltensstörungen** gibt.

Als „Dressurmittel" für das Hundetraining verbieten sich diese außerordentlich störanfälligen und gefährlichen Methoden von selber.

Schwitzgebel, der 1992 und 1995 insbesondere die wissenschaftlichen Befunde *Tortoras (1983)*, zusammen mit eigenen Beobachtungen in ein allgemeinverständliches Trainingsprogramm „umsetzt", stellt eine große Reihe an Kriterien zum tiergerechten Einsatz elektrisierender Geräte auf, die letztendlich nach heutigem Stand nicht erfüllbar sind, zumal bezogen auf die zu fordernde Kompetenz im Hundetraining. Für diese wären nach meinem Ermessen noch weit höhere Maßstäbe anzusetzen.

Die enorme interindividuelle Variabilität in bezug auf die Reaktion der behandelten Tiere wird von *Schwitzgebel (1992)* nach eigenen empirischen Untersuchungen an 10 Hunden bestätigt, wenn er ausführt, „daß die Lautäußerung Schreien, ein möglicher Indikator für Empfindlichkeit, nicht von allen Hunden erstmals bei identischer Stärke der Stimulation gezeigt wird. Je ein Hund zeigte Schreien erstmals bei Stärke 1, 3 und 4. Bei drei Hunden trat Schreien erst bei voller Intensität 5 der elektrischen Stimulation auf, und die übrigen vier Hunde gaben die Lautäußerung bei Stärke 3. . . .".

Bemerkt sei, daß Schreien eindeutig ein Indikator herabgesetzter Befindlichkeit ist, eine Schmerzäußerung oder z. B. ein Ausdruck von Angst. „Empfindlichkeit" ist für mich nicht objektivierbar, zudem angetan, eine qualvolle Situation zu verharmlosen.

IV.2. Wer ist ein qualifizierter Anwender, ein ausgewiesener Experte?

Wer kompetent ist, die streng zu haltenden und „hoch anzusetzenden" (wenn überhaupt nötigen) Ausnahmen des Einsatzes von Elektroreiz-Geräten zu prüfen, müßte zunächst einmal genau definiert sein. Von einer „Kommission" wäre ein differenzierter Sachkundenachweis als Voraussetzung für die Arbeit mit Elektroreizgeräten zu fordern: Der Personenkreis, dem die Geräte erlaubt werden könnten, würde verschwindend klein sein. Neben Kenntnissen zur Technik der Geräte und ihres Einsatzes (theoretische Kenntnisse über die Auswirkungen des Stroms auf den Organismus, etwa zum Haut- bzw. Fellwiderstand sowie der individuellen Variabilität des jeweiligen Übergangswiderstandes zwischen Geräteelektrode und Tierkörperoberfläche (Haut-/ Fellwiderstand) und die physikalischen Parameter der zu verwendenden elektrischen Impulse), sind profunde Kenntnisse zur Verhaltensbiologie, zum Ausdrucksverhalten, zur hundlichen Kommunikation und insbesondere zum Lernverhalten (theoretische Grundlagen und wissenschaftliche Erfahrungen mit lern-

lerntheoretischen Grundlagen bzw. lernpsychologischem Arbeiten) zu fordern.

Warum benötigen wir Elektroreizgeräte, wie von einigen Hundetrainern und wenigen Therapeuten postuliert, für bestimmte Formen der Hundeausbildung oder zur Therapie verhaltensgestörter Hunde? Verwiesen wird häufig auf den maßvollen Einsatz bei schwerwiegenden Verhaltensmängeln. Zu präzisieren wäre der „schwerwiegende Verhaltensmangel" des Hundes und der Sinn seiner Behandlung mit einem elektrisierenden Gerät, zu definieren die „maßvolle" Anwendung des Gerätes, die wohl besser durch „lernbiologisch sinnvoll" zu ersetzen wäre.

Zur Erziehung, Ausbildung oder Therapie von Hunden werden Elektroreizgeräte andererseits als unnötig angesehen, da es tiergerechte Möglichkeiten in den angesprochenen Bereichen gibt: akustische, visuelle, taktile und soziale Hilfen (*Borchelt & Voith 1985*) sowie ausgefeilte Konditionierungsmethoden bzw. Behandlungen im Bereich der Verhaltenstherapie.

Aus der Sicht der Ethologie / Lernbiologie ist das Thema Bestrafung ja weitaus komplizierter, als es insbesondere von einigen Hundetrainern wie Hundesportlern (z. B. *Heßling 1997; Zabel*, SV-Zeitung 8/98.) dargestellt wird.

Wie detailliert ausgeführt (s. u. III.), sind Strafreize durchaus indiziert zur Korrektur eines bestimmten Verhaltens eines bestimmten Tieres in einer definierten Situation, während Bestrafungen in vielen anderen Situationen als kontraindiziert anzusehen sind (s.d. *Askew 1993*), weil sie Verhaltensprobleme verstärken (z. B. über erlerntes Vermeiden), ihr Einsatz des „vernünftigen Grundes" (§1 TierSCHG) entbehrt, da es weit weniger qualvolle und dafür wirksamere Methoden gibt. Schließlich sind Bestrafungen durchaus geeignet, neue Verhaltensprobleme auszulösen, so gerade im Bereich der Aggression, um damit tierschutzrelevant wie gefährlich zu sein. „Wie immer bei Verhaltensproblemfällen ist es wichtig, daß sich der Tierarzt oder Verhaltensspezialist die erforderliche Zeit in der Konsultation mit dem Klienten nimmt, um erstens genug über den Fall in Erfahrung zu bringen, um festzustellen, ob die Bestrafung wirklich indiziert ist, zweitens dem Klienten ausführlich zu erklären, wie man die Bestrafungsmethode wirksam anwendet und drittens den Klienten davor warnt, wie er die verschiedenen negativen Folgen der unangemessenen Anwendungen der Bestrafungsmethode (z. B. Aggression auslösen, unnötiges Leiden des Tieres verursachen, Angstprobleme hervorrufen) vermeiden kann" (*Askew 1993*).

Zur Therapie von Verhaltensauffälligkeiten / Verhaltensstörungen gibt es zunehmend spezialisierte Tierärzte bzw. spezialisierte Biologen und Lerntherapeuten.

Eine staatlich anerkannte Ausbildung von Hundetrainern ist überfällig, sollte diesen jedoch andere Bereiche zuweisen als den der Verhaltenstherapie. Eine

Zusammenarbeit zwischen Verhaltenstherapeuten und praxisorientierten Hundetrainern indes wäre gut vorstellbar.

„... und es fielen mir Bilder ein, wo Hunde mit brutalem Reißen an der Leine (womöglich noch mit Stachelhalsband), mit Teletakt oder gar mit Schlägen ausgebildet wurden." Das braucht der Hund, das haben wir schon immer so gemacht, wir haben jahrelange Erfahrung und der Erfolg (Prämierungen) gibt uns recht ... „Schlimm, daß sich daran immer noch viele Hunderttausende privater Hundehalter orientieren. Es soll ja überhaupt nicht bestritten werden, daß es auch gute Ausbilder gibt, die sich Erkenntnisse der modernen Ethologie zunutze gemacht haben, aber wie sie unterstützen und die Entwicklung in diese Richtung lenken? (Es gibt ja auch noch immer Reitlehrer, die anscheinend die Rekrutenausbildung der kaiserlichen Kavallerie übernommen haben" (schriftl. Mittlg. *Goldhorn*). *Goldhorn* vertritt die Auffassung, gemeinsam mit Hundesportlern darüber nachzudenken, ob es nicht gut für das Ansehen der Hundesportvereine, der Ausbildungsstätten für Polizei-, Lawinen-, THW- und Blindenführhunde wäre und natürlich auch zum Wohl der Hunde, wenn man die Bezeichnung „Hundeausbilder" durch eine Grundausbildung mit Diplom aufwerten und so vor Imageschaden durch die „Geldverdiener am Tier" (persönl. Meinung) schützen würde.

Eine Ausbildung in Form einer Lehre (ähnlich der Ausbildung zum Pferdewirt) wäre auch zu überdenken. Eines wäre dann abzugrenzen: wer geschult wurde und wessen Wissen im Umgang und in der Ausbildung mit Hunden nachgewiesen werden mußte – und wer Autodidakt ist.

Experten, die „Heildressuren" mit Elektroreizgeräten bei verhaltensgestörten Hunden durchführen, könnten nach meiner Auffassung auch diese „Hundeausbilder" nicht sein. Nach dem heutigen Wissensstand ist, wie ausgeführt, auf diese Form der Dressur durch Verhaltenstherapeuten wie Hundetrainer zu verzichten, weil sie schlicht viel zu viele Risiken birgt – und zu neuen tierschutzrelevanten Problemen führt.

So nennt *Heßling (1997)* als Indikationen für eine Konditionierung mit einem Teletakt-Gerät folgende Probleme: 1. Dominanzverhalten Menschen und Hunden gegenüber, 2. Beute- und Hetztrieb bei Katzen, Hühnern, Wild etc., 3. Kläffer und Randalierer im Auto oder Haus, 4. Futteraufnahmeverweigerung, 5. ständiges Bellen am Gartenzaun oder Überspringen des Gartenzauns, 6. Korrektur des Anschneidens oder Totvergrabens bei Jagdhunden und 7. Hetzen und Jagen von Radfahrern, Autos und Joggern etc.

Zwar wird mehrfach betont, daß der Einsatz von Teletakt als „letzte Möglichkeit" zu verstehen sei, dann einzusetzen, **wenn alle anderen Lernmethoden erfolglos blieben, dennoch werden diese Alternativen, die es ja gibt, kaum oder gar nicht aufgezeigt, vielmehr die „Heildressur" beschrieben.**

Owren (1995) sagt zur „Ablösung" der Hundeausbilder durch Verhaltenstherapeuten, wenn es um die Verhaltenskorrektur und die Therapie von Verhaltensstörungen geht: „And at the end a little warning. People who have been regarded as „experts" for a generation, may not be willing to climb from their pedestral".

Lob und Strafe (positive und negative Reize) bieten dem Menschen machtvolle Instrumente zur Verhaltensbeeinflussung von Hunden, um die Wahrscheinlichkeit des Auftretens erwünschter Verhaltensweisen zu erhöhen und unerwünschtes Verhalten in seiner Erscheinungshäufigkeit zu verringern.

Aufgrund kleinster zeitlicher Verschiebungen zwischen Erziehungsmaßnahmen einerseits und einem bestimmten Verhalten des Hundes andererseits, situationsunangemessenen Einwirkungen oder auch Inkonsequenz des Hundehalters, sind **„falsche" Verknüpfungen** beim Tier nicht selten, die dann unerwünschte Verhaltensweisen und / oder starke Beeinträchtigungen der Befindlichkeit des Tieres zur Folge haben.

Widrige Erfahrungen können ein Lebewesen dazu veranlassen, einen bestimmten Reiz zu vermeiden, oder auch das Verhalten zu unterdrücken, das zu einer widrigen Erfahrung geführt hat. Wenn aufgrund äußerer Umstände beides nicht möglich ist, dann können auch neue Verhaltensweisen auftreten, die in den Dienst der Gefahren- oder Angstabwehr gestellt werden (*Hassenstein 1987*). **So ein Geschehen kann einen Lernprozeß mit dem Ergebnis auslösen, daß das Tier nun schon bei einsetzender Angst ein bestimmtes Verhalten ausführt, wenn es dadurch ein- oder mehrmals Entlastung von seiner Angst erfahren hat. Die betreffenden Verhaltensweisen können beim Beobachter dann einen merkwürdig „unpassenden" Eindruck erwecken und Unverständnis auslösen, weil kein äußerer Anlaß zu bestehen scheint.** Den Anlaß zu inadäquatem Verhalten liefert dabei eine innere Gestimmtheit und kein äußerer Anlaß. Es ist durchaus möglich, daß ein einziger ängstigender Vorfall das Verhalten eines Tieres so nachhaltig beeinflußt, daß sich darauf zurückzuführende Auswirkungen noch sehr lange nach dem Negativerlebnis beobachten lassen. **Negativerlebnisse bei der Dressur oder gar „Therapie" mit Teletakt sind nicht selten, wenn auch die irreversibel gestörten Hunde möglichst unerwähnt bleiben** ... (s. u. III, IV. 2. und IV. 3).

IV.3. Meinungen zum Einsatz elektrischer Stimulation beim Hundetraining – sind Elektroreizgeräte tiergerecht ?

Schwitzgebel hebt in seinem 1982 vor der Fachgruppe Verhaltensforschung der Deutschen Veterinärmedizinischen Gesellschaft e.V. in Freiburg gehaltenen Referat zu Korrelationen zwischen Verhaltensweisen von Hundeausbildern und dem Verhalten von Deutschen Schäferhunden hervor, daß allein solche Ausbildungen, die das hundliche Sozialverhalten, insbesondere Ausdrucksformen innerartlicher Kommunikation adäquat beachten, „tiergerecht" sind, da nur so Bedarfsdeckung und Schadensvermeidung für den

Hund im Sinne des von *Tschanz (1982)* erarbeiteten Konzeptes möglich sind. In der von *Dr. Ferdinand Brunner* zu diesem Vortrag geleiteten Diskussion kam die Frage auf, ob der durch ein elektrisches Dressurgerät erzeugte Stromschlag nicht im Sinne eines quantifizierbaren Reizes bei künftigen Untersuchungen Verwendung finden könne. Diese Frage wurde verneint, wie schriftlich festgehalten wurde (*Schwitzgebel 1982*).

Brunner (1994) beschreibt „elektrische Dressurhalsbänder" als ungemein praktisch, hält die elektrischen Strafreize für unangenehm, aber medizinisch unbedenklich und verweist darauf, daß die verschiedenen Dressurziele mit dieser Methode „in einem Viertel der Zeit erreichbar" sind, „ die nach herkömmlicher Art benötigt würde". Allerdings warnt er vor zu frühem Einsatz sowie vor dem Mißbrauch von „ungeduldigen Laien, die durch psychologisch unrichtigen Einsatz einen Hund völlig verwirren, ja neurotisieren können". Nach Auffassung *Brunners (1994)* sollten elektrisierende Geräte nur von Berufsabrichtern für besondere Fälle („Korrektionsdressur bei extrem widersetzlichen Hunden") zum Einsatz gelangen.

Schwitzgebel (1992) fordert ein Safety Training, wodurch die Lernsituation zu Beginn und durch das Beenden und dadurch mögliche Vermeiden einer unangenehmen Einwirkung gekennzeichnet ist. Er betont den Wechsel von einer negativen in eine positive Dressursituation und das so erreichbare Ausbleiben von sozialem Stress. Weiter wird herausgestellt, daß allein beim Safety Training die erzielten Verhaltensänderungen lange bestehen. Diese Folgen sieht *Schwitzgebel* in deutlichem Gegensatz zu jenen, die sich beim Einsatz elektrisierender Strafreizgeräte (z. B. Teletakt) einstellen. Hier verweist er auf Hemmungen beim Tier gegenüber dem Ausbilder oder der Ausbildungssituation und auf das häufig nur relativ kurze Ausbleiben des Problemverhaltens. Doch gerade für das Safety Training werden mehr als qualifizierte Ausbilder gefordert. Experimentell arbeitende Verhaltensbiologen wären gefordert, was praxisbezogen völlig unsinnig und nicht umsetzbar ist.

Askew (1993) spricht sich im allgemeinen gegen Elektroreizhalsbänder aus, da sie schwierig tiergerecht zu bedienen sind und das Potential für ihre mißbräuchliche Anwendung als zu hoch erachtet wird.

Polsky (1994) verweist auf die vielen Fehlerquellen und ihre schweren Folgen: fehlerhaftes zeitliches Aufeinanderfolgen von „unerwünschtem Verhalten" und Elektrostimulation, fehlerhafte Intensität und Dauer der Reizeinwirkung, Wiederauftreten des „unerwünschten Verhaltens" nach der Stimulierung, neue (insbesondere Aggressions-) Probleme infolge des Trainings mit dem elektrisierenden Gerät und Nackenverletzungen. Gute Erfahrung der Benutzung wird gefordert – und der Gebrauch sollte als „ultima ratio" betrachtet werden. Alle anderen Möglichkeiten zur Verhaltensbeeinflussung müssen ausgeschöpft sein. *Stephan (1991)* und *Kraft (1981)* lehnen das Elektroreizhalsband ab, unter vorsichtigem Hinweis auf „besondere Fälle", in denen gewährleistet ist, daß „die Bedienung solcher Geräte nur durch technisch und biologisch hinreichend sachkundige und charakterlich geeignete Personen erfolgt" (*Stephan*) bzw. „grundsätzlich" (*Kraft 1981*), da es aus tierschützerischen Gründen abzulehnen sei – und auch bei sachgemäßem Gebrauch das instinktgebundene Verhalten des Hundes ganz erheblich beeinflusse und somit Leiden schaffe, die erheblich sein können. Zudem hänge die sinnvolle Anwendung des Gerätes von sehr vielen zum Teil gar nicht beeinflußbaren Faktoren ab. „Der Hund ist ein Lebewesen und sollte auch als solches behandelt werden" (*Kraft*).

V. Eigene Untersuchungen zum Einsatz eines elektrisierenden Trainingshalsbandes

Im Mai / Juni 1998 wurden 12 Hunde etwa gleichen Alters mit dem Teletakt-Gerät (Fa. Schecker) konditioniert. Das zu beseitigende Verhaltensproblem war bei allen ein ausgeprägtes Jagd- und Beutefangverhalten. Alle Hunde gehörten einer Jagdhunde- bzw. Schutzhunderasse an und waren erwachsene, ausgebildete Schutzhunde bzw. Jagdhunde. Sie waren mindestens 10 Tage lang zuhause stundenweise mit dem Attrappenhalsband in entspannter Atmosphäre vertraut gemacht worden. So sind die Tiere zumindest hinsichtlich der aufgeführten Parameter vergleichbar und es macht Sinn, sie zu testen.

1. Deutsch Kurzhaar, Rüde, 4 Jahre, jagdlich geführt.
2. Kleiner Münsterländer, Rüde, 5 Jahre, ausgebildet, jedoch nicht jagdlich geführt aufgrund hoch ausgeprägter Jagdmotivation, die immer wieder zum Beutefangverhalten längerer Dauer führte.
3. Rauhhaarteckel, Rüde, 4 Jahre, jagdlich geführt.
4. Kurzhaarteckel, Hündin, 3 Jahre, jagdlich geführt.
5. Labrador Retriever, Hündin, 6 Jahre, jagdlich geführt.
6. Flat coated Retriever, Rüde, 6 Jahre, nicht jagdlich geführt.
7. Deutsch Langhaar, Rüde, 4 Jahre, jagdlich geführt.
8. Kleiner Münsterländer, Hündin, 5 Jahre, nicht jagdlich geführt.
9. Deutscher Schäferhund, Rüde, 4 Jahre, geprüfter Schutzhund.
10. Rottweiler, Rüde, 5 Jahre, Schutzhundeausbildung.
11. Riesenschnauzer, Rüde, 4 Jahre, Schutzhundeprüfung.
12. Rottweiler, Hündin, 7 Jahre, Schutzhundeausbildung.

Da in eigener Verhaltensberatung diese Problematik so gut wie nie auftrat, andererseits allein das selbstbelohnende Verhalten des Jagens als **einzige Denkmöglichkeit einer evtl. Indikation** für eine Konditionierung mit einem Elektroreizgerät angesehen wird, wurden entsprechende Problemhunde verschiedener Therapeuten „gesammelt" und gleichen Tests unterzogen. Alle Hunde wurden im „Open Field", also auf unbekanntem Territorium, auf Umweltsicherheit und soziale Sicherheit sowie soziale Verträglichkeit dem Hundehalter wie der Testperson gegenüber geprüft: sozio-positives Verhalten (Verhalten, welches zur Abstandsverminderung führt, also z. B. zur Kontaktaufnahme) wie sozio-negatives Verhalten (führt zur Distanzvergrößerung, z. B. Meideverhalten).

+: **Umweltsicher:** die Umgebung wird mit allen Anzeichen von Sicherheit untersucht (erhobene Rute, Körper hoch aufgerichtet, dabei Urinierem mit Beinheben bei Rüden, evtl. Imponierscharren).

+: **Sozial sicher:** Ausdrucksverhalten signalisiert soziale Sicherheit / Ruhe / Beherrschung der Situation (Freundlich-spielerische Kontaktaufnahme dem Halter und dem Beobachter gegenüber).

++: M.o.w. ausgeprägtes Imponieren vor der Testperson.

–: **Umweltunsicher:** Ängstlich abwartend, keine Exploration, kein Markieren, kein Komfortverhalten.

–: **Sozial unsicher, ängstlich:** hektisches Hin- und Herlaufen, keine Entspannung beim Hundebesitzer, evtl. Angstkoten, geduckte Körperhaltung.

+/-: **Umweltunsicher:** herabgesetzte Exploration, steter Kontakt zum Hundehalter nach Explorationsversuchen, evtl. Markieren mit gekrümmtem Rücken und leicht abgewinkelter Extremität.

+/-: **Sozial unsicher:** Ausweichem dem Beobachter gegenüber, ganz enger Körperkontakt zum Hundebesitzer, dort Verharren.

+++: **Sozial sicher:** Intentionen zum Angriff gegen Besitzer und / oder Testperson.

---: **Umweltunsicher:** extrem hohe Fluchtbereitschaft, Rennen gegen Zäune etc. (Panikreaktion).

---: **Sozial unsicher:** Sich Verkriechen, Wimmern, Hund ist nicht ansprechbar, Apathie.

Testsituation vor der Elektrostimulation

Tiere	1	2	3	4	5	6	7	8	9	10	11	12
Umweltsicher, explorativ	+	+	+	+/-	+	+	+	+	+/-	+	+	+
Sozial sicher, Indikatoren über Ausdrucksverhalten:	+	-	+	+/-	+	+	+	+/-	+/-	++	+	+

Die Auslösung der Elektrostimulation (Stufe 3) erfolgte allein bei Tier 10 (Rottweilerrüde) exakt in dem **Augenblick der Intention (Stimmungsbewegung) zum Loslaufen.** Der Hund schrie kurz auf und blieb, machte „Platz". Alle anderen Tiere konnten erst während des Laufens (nach Pfiff und Betätigung der Pfifftaste) stimuliert werden (Stufe 2 – 3) – die Hunde 3, 4, 7, 8 und 9 schrien sehr, alle liefen weiter, kamen jedoch schneller als üblich zurück (bis zu 5 Minuten).

Testsituation 30 Minuten nach der Elektrostimulation

Tiere	1	2	3	4	5	6	7	8	9	10	11	12
Umweltsicher, explorativ	+	+/-	-	---	+	+/-	-	+	-	+	+/-	+/-
Sozial sicher:	+/-	-	-	-	-	-	+	-	-	+++	---	-

Anhand des Verhaltens der Tiere (Ausdrucksverhalten!) waren vor und nach der Elektroreizerfahrung in einer definierten Testsituation deutliche Unterschiede nachzuweisen. Insbesondere das Sozialverhalten dem Hundehalter gegenüber war m.o.w. stark beeinträchtigt. Bis auf ein Tier (Deutsch Langhaar) verhielten sich alle Hunde ängstlich, waren hektisch, blieben nicht beim Besitzer, wichen ihm vielmehr ständig aus. Der Rottweiler, der vor der Stimulation durch ausgeprägte Umweltsicherheit und Imponieren der Testperson gegenüber aufgefallen war, und dessen Loslaufen im Ansatz gestoppt werden konnte, trat im zweiten Testdurchgang ebenso sicher auf, wirkte jedoch gereizt und bedrohte die Testperson jetzt gerichtet.

Ein Hund (Riesenschnauzer) war nicht ansprechbar, verkroch sich wimmernd in der Ecke und zeigte Apathie. Auch die Umweltunsicherheit war bei den meisten Hunden herabgesetzt, sie wichen Reizen aus, denen im ersten Durchgang angstfrei begegnet worden war, hockten bei geduckten Körperhaltung oder bewegten sich so und zeigten Angstkoten. Die Kurzhaarteckelhündin lief in Panik zick-zack-artig über das Gelände, zeigte ausgeprägtes Fluchtverhalten und lief / sprang dabei immer wieder gegen den Zaun.

V.1. Ethologische und tierschutzrechtliche Bewertung eigener Ergebnisse

Für die Frage, ob ein Umgang bzw. eine Manipulation Tieren Leiden zufügt (i.S.d. §1, §2 und §5 Abs. 1 TierSchG) soll es auf „Art und Umfang der Einschränkungen, die der Vollzug der den Tieren angeborenen Verhaltensweisen durch die Art der Beeinträchtigung erfährt", ankommen. Als Kriterium für „erhebliches" (und damit nach §17 Nr. 2b strafwürdiges) Leiden hat der BGH genannt: „Anomalien, Funktionsstörungen oder generell spezifische Indikatoren im Verhalten der Tiere, die als schlüssige Anzeichen und Gradmesser eines Leidenszustandes taugen" (BGH, NJW 1987, 1835).
Das Verhalten eines Tieres ist der sichtbare Ausdruck seiner Befindlichkeit. Deshalb bietet die Verhaltensebene, die morphologische und physiologische Zustände integriert, frühzeitig erkennbare und besonders empfindliche Indikatoren für organische, einschließlich zentralnervöser Schäden und funktioneller Störungen.

Verhaltensstörungen gehen stets mit Leiden einher. Darin gibt es einen interdisziplinären Konsens.

Auf der Grundlage von Bewertungskriterien für gestörtes Verhalten kam die Arbeitsgruppe (IGN) 1998 (*Buchholtz et al.*) zur Erstellung eines Kataloges mit 6 entscheidenden Kriterien, die als Gradmesser (im Sinne des BGH) für **erhebliches Leiden** gewertet werden müssen.

Für die Feststellung, daß erhebliche Leiden vorliegen, kann bereits eines der Kriterien genügen, da stets nur eine Verlaufsdiagnose gestellt werden kann (s.u. Präambel). Häufig liegen mehrere der 6 Kriterien zugleich vor, so bei einer Hündin, für die nach einigen Wochen isolierter Haltung im Zwinger alle Kriterien zutrafen (*Feddersen-Petersen, 1996*).

Alle Kriterien reflektieren prinzipiell die Ausbildung von Verhaltensstörungen, die sich auf ein und denselben Komplex zentralnervöser Störungen zurückführen lassen. Im Zentrum dieses Komplexes von Regelkreisen steht der limbo-präfrontale Informationszyklus, das Handlungsbereitschaftssystem. Die dopinerge Stressbahn spielt hierbei eine verknüpfende Rolle zwischen dem Hirnstamm und dem Neocortex. Der Präfrontalcortex kann als höchste Integrationsebene sämtlicher Regelkreise angesehen werden. Er wird somit zum Mittler von sensorischen und effektorischen Informationen. Das limbo-präfrontale System leistet diese zentrale Steuerungskoordination auf der Basis einer hochgradig neuroplastischen Potenz. Das eben macht das System auch so störanfällig gegenüber jeglichen Stressoren. Und genau dieses bedingt, daß die graduelle Steigerung induzierter Verhaltensstörungen mit Leiden im Sinne des Gesetzgebers verbunden ist (*Buchholtz, 1996; Teuchert-Noodt, 1994, 1996*).

Von den Kriterien, die für erhebliches Leiden zutreffen (*Buchholtz et al. 1998*), sind für die zu beurteilenden Hunde zutreffend:

Z.T. starke Beeinträchtigungen des **Komfortverhaltens**. Komfortverhalten umfaßt Bewegungen wie Sich-Putzen, Räkeln, Sich-Strecken und Sich-Schütteln, Verhaltensfolgen, die artspezifisch sind. Die mit Teletakt behandelten Hunde zeigen kein solches „Self-grooming", wirkten vielmehr alle angespannt. Allein der Rottweiler Nr. 10 gähnte des öfteren. Für den Organismus wird nach Schrecksituationen durch Übersprungputzen bzw. Gähnen ein Entspannungszustand erreicht, was hier evtl. zutreffend war. Lockeres Schwanzwedeln und „freudige" Appetenz waren bei allen Tieren deutlich bis extrem herabgesetzt.

Zweifellos kommt dem Komfortverhalten im Rahmen der gesamten Verhaltensorganisation eine herausragende Bedeutung für die Befindlichkeit eines Tieres zu (*Tembrock, 1982*). Fehlt diese Reaktion auf diverse Einflüsse, dann ist die Befindlichkeit des Tieres erheblich beeinträchtigt.

Das **Explorationsverhalten** war bei allen getesteten Hunden deutlich bis ausgeprägt beeinträchtigt. Eine anhaltende Beeinträchtigung der Exploration ist Ausdruck für eine übergreifende Störung der Verhaltensregulation.

Ausfall des **Spielverhaltens** galt für alle getesteten Tiere.
Zum Spielverhalten gehören Bewegungs-, Objekt- und Sozialspiel. Dieses Kri-

terium trifft auf alle diejenigen Tiere zu, bei denen Tiere gleicher Rasse, gleichen Alters oder gleicher Domestikationsstufe Spielverhalten zeigen.

Spielverhalten findet nur im „entspannten Feld" statt (*Meyer-Holzapfel, 1956*), Sozialspiel ist obligatorisch für Hunde, um soziales Umgehen miteinander zu erlernen, um ihre Kommunikation zu verfeinern und Aggressionen abzubauen wie umzulenken. Es integriert Lernprozesse zur Bildung von Handlungskonzepten und Strategien. Spielverhalten bezieht sich also als Teil psycho-motorischer und psycho-kognitiver Aspekte auf die Reifung dafür zuständiger Hirnstrukturen und Differenzierungen (Ausbildung von Faserverbindungen).

Apathie war bei einem der Hunde offensichtlich. Dabei war eine starke Reduktion des Ausdrucksverhaltens auffällig und der Hund war überhaupt nicht ansprechbar.

Von den 6 beschriebenen Kriterien waren 30 Minuten nach Elektrostimulation bei 8 bzw. 10 Hunden im Umweltverhalten bzw. im Bereich des Sozialverhaltens mindestens eines bis maximal vier der Kriterien für erhebliches Leiden erfüllt.

Für alle Kriterien ist kennzeichnend, daß mit dem Auftreten der betreffenden Störungsbilder ein sozialer Kommunikationsverlust einhergeht (*Buchholtz et al. 1998*).

Für das Verhalten der Hunde nach Elektrostimulation muß **erhebliches Leiden** bescheinigt werden. Die Beziehung zum Halter ist für sechs der Tiere bis heute gestört – **und das Problemverhalten besteht.**

Eliminiert wurde es (bis heute) allein bei dem Rottweiler, dessen Intention zum Weglaufen bereits verhindert wurde – durch genaue Kenntnis des Tieres und seines Ausdrucksverhaltens und blitzschnelles Reagieren beim Therapeuten. Eine so ausgeprägte Motivation, wie sie dem Jagdverhalten zugrundeliegt, ist offenbar beim bereits erfolgenden Ausführen des Verhaltens schwer oder kaum zu stoppen, da Schmerzen und Schreckmomente „in Kauf" genommen werden. Negative Reaktionen ergeben sich dennoch später auch beim Rottweilerrüden.

VI. Rechtsentscheide und Fallbeispiele für die ethologische und tierschutzrechtliche Bewertung von Elektroreizgeräten zur Hundeausbildung

In Deutschland sind elektrische Dressurhilfen zur Hundeausbildung mit der Novellierung des TierSCHG 1998 zwar verboten worden, allerdings mit dem Zusatz der bundes- oder landesrechtlichen Ausnahmeerlaubnis.

In Schleswig-Holstein allerdings wurde lt. Erlaß des Ministeriums für Natur, Umwelt und Landesentwicklung vom 1.12.1992 die Anwendung solcher Geräte als tierschutzwidrig im Sinne des §18 Abs. 1 Nr.1 des TierSCHG untersagt:

„Stromstöße durch elektrische Geräte bei Hunden: ... Gleichgestellt mit o.a. Geräten („Bell – Ex" u. a. Geräte zur Unterdrückung von hundlichen Lautäußerungen) werden aus der Sicht des Tierschutzes auch **Teletakt oder ähnlich arbeitende Geräte** .... Aus hiesiger Sicht ist die Anwendung solcher Geräte tierschutzwidrig im Sinne des §18 Abs. 1 Nr. 1 des Tierschutzgesetzes".

Der Landestierschutzbeirat Niedersachsen empfahl 1993 ein bundesweites Verbot im Zuge der anstehenden Novellierung des Tierschutzgesetzes.

Am 21.04.1998 wurde ein Urteil des OLG Oldenburg rechtskräftig, das nach Entscheidung des Amtsgerichts Jever vom 12.01.1998 die Anwendung von Elektroreizgeräten (hier: Teletakt-Gerät) bei der Ausbildung von Hunden als vorsätzlichen Verstoß gegen § 3 Nr. 5 TierSchG verurteilt („Es ist verboten, ein Tier auszubilden oder zu trainieren, sofern damit erhebliche Schmerzen, Leiden oder Schäden für das Tier verbunden sind") und mit einer Geldbuße von 500, – DM geahndet.

Folgende Begleitumstände sind besonders bemerkenswert an diesem Fall:
1. Der verurteilte Hundehalter hatte nachweislich kein funktionsfähiges elektronisches Dressurhalsband, sondern nur eine Attrappe („um ein Weglaufen des Hundes zu verhindern") eingesetzt.

Die Ausbildung unter Zuhilfenahme eines Teletakt-Gerätes war vorher erfolgt, und zwar durch einen **„anerkannt fachkundigen Jagdhundeausbilder"**. Der Hund sollte zum Jagdhund ausgebildet werden, und war zu diesem Zeitpunkt 6 Monate alt. Sein Verhalten verdeutlichte, daß er bereits mit einem funktionstüchtigen elektrischen Stromgeber Erfahrungen gemacht haben mußte.

Allein das Anlegen eines dem Teletakt-Gerät ähnlichen Halsbandes genügt hier offenbar, um bei dem Tier schwerwiegende psychische Schäden und Leiden auszulösen: der Hund machte einen äußerst verstörten Eindruck, so wird von amtstierärztlicher Seite beschrieben, er verharrte in submissiver Pose, machte Intentionsbewegungen zur Kontaktaufnahme in Richtung dieser Zeugen, um sofort wieder zurückzuweichen. Der Hund wirkte „wie innerlich hin- und hergerissen", wie es im Urteil heißt, befand sich offenbar in einem **ausgeprägten motivationalen Ungleichgewicht**. „Dabei drückt sich Angst in Intentionsbewegungen, die dem Vermeiden bzw. Flüchten zuzuordnen sind, aus." (*Buchholtz et al. 1988*). Die Erwartungshaltung, **irgend ein Verhalten** könne jederzeit einen Stromimpuls auslösen, erscheint ursächlich plausibel für dieses **ambivalente, gestörte Verhalten. Das Tier hatte eindeutig Schmerzreiz und Teletakthalsband bzw. die dazu gehörige Attrappe assoziiert.** So resultierte die langandauernde „ängstliche Erwartung".

Daraus ist der Schluß zulässig, daß der Einsatz eines Elektroreizgerätes auch dann tierschutzwidrig zur Anwendung kommen kann, wenn dieses Gerät **nur in Anwesenheit eines „versierten Fachmannes"** Verwendung findet, eine menschlich-fachliche Problematik, die bereits als nicht lösbar eingeordnet wurde.

So auffällig und stark wurden die Leiden bzw. Qualen des Hundes im vorliegenden Fall vermutlich dadurch, daß keine Bezugsperson (Hundeausbilder oder Hundehalter) in seiner Nähe war, und das Tier nicht wußte, was es hätte tun oder unterlassen müssen, um einen drohenden Elektroreiz zu vermeiden.

2. In seinem Urteil sah es der Amtsrichter als erwiesen an, daß dem Hund durch das Anlegen der Teletakt-Attrappe länger anhaltende, erhebliche Leiden zugefügt worden waren. Er schlußfolgerte, daß es durchaus angemessen gewesen wäre, wenn der Tatbestand nicht als Ordnungswidrigkeit, sondern als strafbare Handlung im Sinne des § 17 Ziffer 2b. TierSchG geahndet worden wäre („Übersehen hat das Gericht bei diesem Fall, daß hier statt einer Ordnungswidrigkeit auch durchaus eine Straftat nach § 17 Ziff. 2b. TierSchG in Betracht hätte kommen können").

Der Hund muß zweifelsohne mit dem Anlegen des Stromimpulsgebers so negative Assoziationen gebildet haben, daß ihn das Anlegen der Attrappe in einen **lähmenden Zustand ängstlicher Erwartung** versetzte, die seine Bewegungen zu Intentionen „einfror", da Strafreize erwartet wurden. Eine Assoziation mit bestimmten unerwünschten Verhaltensweisen, wie zu erwarten, wenn der Prozedur irgendein Sinn zugesprochen werden soll, war eindeutig nicht erfolgt. Hier muß also durch die „fachgerechte Ausbildung" ein Trauma gesetzt worden sein, das in Verbindung mit Elektro-Halsbändern oder Attrappen (was unmaßgeblich für die Leiden des Tieres in dieser Situation ist) große Angst und Leiden beim Hund auslöste.

Im beschriebenen Fall trug der Hund in Abwesenheit der Bezugspersonen die Attrappe volle zwei Tage, was einen unbeschreiblichen Leidensdruck zur Folge gehabt haben muß.

Vermeidungsstrategien gegenüber den als negativ bewerteten Vorerfahrungen konnte er nicht entwickeln. Das Alarmsignal „Elektro-Halsband" wird subjektiv als Schreck, Furcht, Angst und letztendlich als Vitalangst erfahren, da es nicht kurzfristig etwa durch Flucht kompensiert werden kann. Im chronischen Ablauf wuchsen sich die resultierenden Angstzustände in „psychotische" oder „neurotische Angst" aus, was das erheblich beeinträchtigte Verhalten eindrucksvoll belegt.

Dieses Beispiel verdeutlicht die Tatsache der so sensiblen Lernmethoden. Gerade im Anlauf können sich kleine Fehler verheerend auswirken. Oftmals ist ein einziges Erlebnis für die Schädigung eines Tieres ausreichend, wenn methodische Fehler gemacht werden (mdl. Mittlg. *Buchholtz 1998*).

Die 9. Strafkammer des Landgerichts München II hat sich am 27.02.1995 (Az: 9 Ns 12 Js 17287 / 93) unter Berufung auf das TierschG, § 17 Nr.2 Buchst. b sowie § 18 Abs. 1 Nr. 1 folgendermaßen zum Einsatz des Teletakt-Geräts bei der Hundeausbildung geäußert:

„Das Teletakt-Gerät für die Hundeausbildung ist in der Regel entbehrlich und aus der Sicht eines Hundeausbilders abzulehnen, womit ein „vernünftiger

Grund" für seine Anwendung und die hieraus einem Hund zugefügten Schmerzen (Stromstoß) entfällt. In Ausnahmefällen, etwa bei schweren Verhaltensmängeln des Hundes, kann die maßvolle Anwendung des Gerätes und die damit verbundene Schmerzzufügung zulässig sein.
Dabei ist Voraussetzung für die in Ausnahmefällen als zulässig zu erachtende Anwendung des Teletakt-Gerätes nicht die Eignung und Erfahrung des Ausbilders."
(Fundstelle: Archiv DJV. Jagdrechtliche Entscheidungen X 94 ST).
Zum Sachverhalt:
Dem Angeklagten wurde folgender Sachverhalt zur Last gelegt:
„Am 19.4.1993 .... versuchten Sie im R. Wald, einen Hund mit einem sog. „Teletakt-Gerät" abzurichten. Es handelt sich hierbei um ein ferngesteuertes Gerät, welches das Tier am Halsband trägt und das auf ein entsprechendes Signal Stromstöße abgibt. Der dadurch beim Tier ausgelöste Schmerz und Schreck soll den Hund an Verhaltensweisen hindern, die vom Hundeführer nicht erwünscht sind.
Wegen der erheblichen Einwirkung auf das Tier ist der Einsatz des Gerätes auf besonders komplizierte Ausnahmefälle zu beschränken (Polizeihunde, Schäferhunde u. a.).
In Kenntnis dieser Umstände haben Sie das Gerät bei allen Hunden zum Erreichen jedweden Ausbildungszieles eingesetzt. Eine generelle Anwendung des Gerätes bei der routinemäßigen Ausbildung von Hunden ist tierschutzrechtlich nicht gestattet.
Durch die generelle Anwendung des Gerätes am 19.4.1993 wurden dem beobachteten Hund sich wiederholende erhebliche Schmerzen und Leiden zugefügt. Das wurde von Ihnen zumindest billigend in Kauf genommen. ..."

Fazit:
Ausbildungen sollen bei einer „Konsumentenhaltung" des Hundehalters schnell und korrekt sein und den Hundebesitzer möglichst nicht belasten. Dabei wird übersehen, daß hundegerechtes Training des Bindungspartners bedarf. Wir haben unsere Stimme, unser Ausdrucksverhalten (Mimik, Gestik, Körperhaltung, geruchliche Signale), die Hunde in jedem Falle decodieren.

Sinnvoll und hundegerecht ist es, sie für Korrekturen des Hundeverhaltens zu nutzen. Diese Mensch – Hund – Kommunikation braucht natürlich Zeit. Erwünscht dagegen ist häufig der „fertige Hund", der Hund, der „funktioniert". Dazu werden bereits Junghunde Ausbildungsstätten überlassen, die vorgeben, diese Hunde in relativ kurzen Zeiträumen so in ihrem Verhalten beeinflussen, daß sie „fertig" sind. Ohne Anwesenheit des Halters. Und dazu werden Elektroreizgeräte eingesetzt.
Beispielhaft sei angeführt:

Klage gegen Hundeschule x:
Junge Hunde einer Herdenschutzrasse sollten Unterordnung und normale All-

tagsbefehle lernen sowie sozial verträglich werden. Hierfür wurde ein Zeitraum von 3 Wochen angesetzt.

Nach Angabe des Klägers wurden die Hunde völlig verstört zurückgegeben, sie wurden als ausgesprochen **ängstlich** beschrieben, **äußerst aggressiv (aus der Defensive)** und wandten sich gegen Jeden, der sich ihnen näherte, dabei die „kritische Distanz" unterschritt. Die Hunde konnten nur noch einzeln in Zwingern gehalten werden. Elektroreiz-Geräte wurden „sachgerecht angewandt und dosiert eingesetzt".

Der Ausbilder beruft sich auf das Bändchen „Teletakt-Gerät, Zaubermittel oder Quälerei".

Hier wird das Training mit dem Teletakt-Gerät ja als „Heildressur" bezeichnet und in ihrer Anwendung und Wirkung etwa neben dem hundegerechten Halfter „Halti" eingestuft.

Es macht mehr als stutzig zu lesen, daß Teletaktgeräte „nicht in den Händen eines „schwachen" Führers zur Anwendung kommen„ dürfen, vielmehr nur dann, wenn der Hund die „Autorität seines Halters anerkennen kann, ihn als „Rudelführer" sieht". „Durchschnittlich solle man einen Hund ca. 3 Wochen das Originalgerät tragen lassen, auch wenn man es zwischenzeitlich mehrere Tage nicht benutzen muß".

Die sog. „Grundlagen der Verhaltensforschung" sind so simpel wie fälschlich dargestellt, daß der „Umgang mit Reizen" (die Erklärung des Schlüsselreizes ist völlig absurd) zwangsläufig fehlerhaft sein muß – und das Teletaktgerät sicher in der falschen Hand liegt. Teletakt wird für eigentlich jedes Problemverhalten angeboten, als unentbehrlich dargestellt. Da rückt der beschwörend wirkende Satz am Ende der Kapitel, daß es erst nach Ausschöpfung aller anderer Trainingsmethoden, sozusagen als Ultima ratio zu benutzen sei, gar nichts mehr. Ein einmaliges Erlebnis mit einem methodischen Fehler reicht aus, um Hunde zu traumatisieren, um einen neurotischen „Extremfall" zu erzeugen (*Buchholtz*, mdl. Mittlg. 1998).

Und genau hier liegt die Crux. Auch wenn Hundetrainer ein staatlich anerkannter und kontrollierter Lehrberuf geworden ist, was unbedingt zu befürworten ist, auch wenn die Verhaltenstherapeuten zunehmend an lernbiologischer Kompetenz und Wissen gewonnen haben, sind dennoch in unserer „schnellebigen Gesellschaft" für die dargestellten Risiken einer Dressur mit einem Elektroreizgerät wohl kaum rare Ausnahmefälle dauerhaft zu halten, ohne sukzessive wieder „aufgeweicht", ausgeweitet zu werden.

Zudem sind die „Ausnahmefälle" wie ausgeführt keineswegs zwingend. Wir sollten vielmehr darüber nachdenken, wieso an der Zeit, dem Kostbarsten in unserem Leben, sowohl im Umgang mit Menschen, die uns lieb und wert sind, als auch für unsere Tiere so „gespart" werden müsse ...

VII. Gedanken zum Schluß

Elektroimpulse wirken nicht wie ein Medikament, das „gut dosiert" anzuwenden ist, ihre Werbung ist immer wieder verwirrend, da falsch. Dieses gilt auch für Geräte, die lernbiologisch nach dem gleichen oder einem ähnlichen Prinzip arbeiten, jedoch **weniger gefährlich** sind. So das Master Plus, welches über eine kleine Blackbox einen Empfänger und Zerstäuber mit Düse an der Oberfläche des Kästchens enthält. Dieses mit einem geruchlosen Pressluftgemisch aufgefüllte Gerät, versprüht nach Senderbetätigung einen kurzen Spraystoß, der als Umorientierungsreiz wirken kann, wenn er zeitlich gut gesetzt wird.

Mit Hilfe dieses Gerätes ist es durchaus möglich, Verhaltenssequenzen, die einer bestimmten Motivation folgen (Jagen) zu unterbrechen, Aufmerksamkeiten umzulenken und auf die gewünschte Aktivität hin zu trainieren. Dieses Gerät halte ich für eine lernbiologisch wie vom Tierschutzgedanken her vertretbare Möglichkeit, Jagen oder Weglaufen zu unterbinden, wenn andere Möglichkeiten versagen.

Warum heißt es in der Werbung: „... Die Mäusejagd war pötzlich vollkommen uninteressant. Er bekam Angst. Da hörte er Gott sei Dank Frauchens Rufe. Er hatte nur noch einen Gedanken: sofort zu ihr zurück." Ich bin überzeugt davon, daß „Master Plus" keine Angst erzeugt, vielmehr eine Motivation umzulenken vermag, wenn genau in dem Augenblick der Intention zum Jagen etwa der Reiz erfolgt.

Jagd ein Hund erst, wird er kaum zu beeinflusen sein, wie ausgeführt, auch durch Schmerzreize nicht.

Dieses ist ja auch ein Grund, weshalb der Stromimpuls-Auslöser so oft die Nerven verliert ...

VIII. Schlußfolgerungen

Wir dürfen uns beim Umgang mit dem Haustier Hund keine „Unfälle" beim Strafen leisten, die diesem erhebliche Leiden zufügen. Es gibt eine Fülle einsetzbarer Alternativen und Trainingsarten, die überdies erfolgreicher sind.

Es ist überhaupt nicht einsichtig, daß Haushunde „militärisch genau" agieren und reagieren. Der Hundesport sollte diesbezüglich weniger verkrampft sein und sich weit mehr um die Förderung des Wesens der Hunde kümmern. Resultat einer Ausbildung zum Begleithund soll doch sein, daß sich dieser in die Anforderungen und Gegebenheiten der heutigen Gesellschaft einfügt.

Es kann nicht stark genug betont werden, daß strafende Lernmethoden oder eine bedrohliche Umgebung (bedingt durch Beeinträchtigung der Bindung zum Menschen) Hunde ständig in Erregung versetzt. Aus dem Bestreben heraus, sich schützen zu müssen, führen etliche der hundlichen Reaktionen dann mitunter zu gefährlichen Zwischenfällen. Hunde werden danach oft als „Bestien" tituliert, das nötige Nachdenken darüber, wie es zu dem Unfall kam, unterbleibt.

Ausgelöst durch ständiges „Strafen" werden etlichen Krankheiten (*Neville 1997*):
Fluchtverhalten, Neurosen, Magen-Darm-Geschwüre, erlernte Hilflosigkeit,

erzwungene Unterdrückung mit Appetit- und Gewichtsverlust, Verlust des Pflegeverhaltens, Spielverhaltens und Schlafstörungen. Unkontrollierbarer Streß kann weiter verminderte Krankheitsabwehr und Herzerkrankungen verursachen.

Die erläuterten Fakten ergeben zusammengefaßt mit großer Sicherheit, daß der vernünftige Grund fehlt für die **nie auszuschließende** Zufügung eines „erheblichen Leidens" bei der Hundeausbildung mit Elektroreizgeräten. Deshalb spreche ich mich für das ausnahmslose Verbot dieser Geräte aus.

Methoden, die auf Motivationsförderung basieren, setzen sicher mehr Phantasie beim Hundetrainer voraus, aber sie sind weit erfolgreicher und angenehmer für den Hund wie den Besitzer.

Unsere Einstellung zum Hund muß sich weiter ändern, diese Änderung wird letztendlich zur Abkehr vom „Strafe – orientierten – Vorgehen" beim Hundetraining führen. Ich glaube fest daran, denn unsere Einstellung zum Tier ist ein Spiegelbild unseres Umgehens mit der gesamten Natur und unseren Mitmenschen. Es gibt so viele, schwerwiegende Probleme – wir sollten keine neuen schaffen, vielmehr in der Beziehung zum Hund Ausgeglichenheit und Einsicht gewinnen.

Und für die Praxis hieße dieses ganz global:
Die Mystifizierung im Hundesport, grob gesprochen: eine Vereinfachung durch laienhafte Vorstellungen von der Ethologie des Hundes, muß endlich durch Anwendung lernbiologischer Methoden ersetzt werden.

Unsere geistige Überlegenheit macht es uns zur Pflicht, nicht nur für unsere Mitmenschen, sondern auch für Tiere ein tiefergehendes Verständnis zu zeigen und sie im Sinne einer echten Humanitas zu behandeln.
„Mitleid mit Tieren hängt mit der Güte des Charakters so genau zusammen, daß man zuversichtlich behaupten darf, wer gegen Tiere grausam ist, könne kein guter Mensch sein" (A. Schopenhauer).

IX. Literatur:

Askew, H. (1993): Die Anwendung der Bestrafung in der Tierverhaltenstherapie. Der praktische Tierarzt, 10, 905 – 908.

Birbaumer, N. & Schmidt, R.F. (1990): Biologische Psychologie. Springer, Berlin, Heidelberg.

Borchelt, P.L. & Voith, V.L. (1985): Dominance Aggression in Dogs. Compend. Cont. Ed. 8, 36 – 44.

Brunner, F. (1994): Der unverstandene Hund. Naturbuch Verlag, Augsburg.

Buchholtz, C. (1993): Das Handlungsbereitschaftsmodell – ein Konzept zur Beurteilung und Bewertung von Verhaltensstörungen. In: Leiden und Verhaltensstörungen bei Tieren, 93 – 109. TH 23, Birkhäuser, Basel, Boston, Berlin.

Buchholtz, C. (1996): Motivation als Regulationsinstanz für Verhalten und Befindlichkeit – Kriterien für Erheblichkeit von Leiden. Tierärtl. Umschau 51, 142 – 146.

Buchholtz, C. und Martin, G. 1998: Workshop der IGN zum Thema „Leiden" vom 30.1. – 1.2.1998 in Marburg (S. Baum, H. Bernauer-Münz, C. Buchholtz, M. Ebel, A. Feulner, A. A. Fink, D. Feddersen-Petersen, J. Korff, C. Maisack, G. Martin, H. Müller, A. Persch, C. Quandt, S. Schmitz, G. Teuchert-Noodt, T. Winterfeld, M. Wolff, B. Zimmermann), Der Tierschutzbeauftragte 2, 3 – 8.

Clark, J.D.; Rager, D.R.; Crowell – Davis, S.; Evans, D.L. (1997): Housing and Exercise of Dogs: Effects on Behavior, Immune Function, and Cortisol Concentration. Laboratory Animal Science 47, 500 – 510.

Darwin, CH. (1872): Der Ausdruck der Gemüthsbewegungen bei dem Menschen und den Tieren. E. Schweizerbart'sche Verlagshandlung, Stuttgart.

Dawkins, R. (1969): The attention threshold model. Anim. Behav. 17, 134 – 141.

Denny, M.R. (19983): Safety Catch in Behavior Therapy: Comments on „Safety Training: The Elimination of Avoidance – Motivated Aggression in Dogs" by Daniel F. Tortora. Journal of Experimental Psychology, 112, 215 – 217.

Feddersen-Petersen, D. (1993): Some interactive aspects between dogs and their owners: are there reciprocal influences between both inter- and intraspecific communication? In: Proceedings of the International Congress on Applied Ethology, Humboldt-Universität zu Berlin, 182 – 189.

Feddersen-Petersen, D. & Ohl, F. (1995): Ausdrucksverhalten beim Hund. Ferdinand Enke, Stuttgart.

Feddersen-Petersen, D. (1996): Verhaltensindikatoren zur graduellen Kennzeichnung von Leiden im Rahmen der Hundezucht, -aufzucht und -haltung. Tierärtl. Umschau 51: 171 – 178.

Feddersen-Petersen, D. (1997): Der Hund. In: Das Buch vom Tierschutz. Sambraus, H.-H. &Steiger, A. (Hrsg.), 245 – 296, Ferdinand Enke, Stuttgart.

Feddersen-Petersen, D. (1998): Die kommunikative Bedeutung des Lautsystems Bellen. Kleintier Konkret 6, Special. Ferdinand Enke, Stuttgart.

Fischel, W. (1961): Die Seele des Hundes. 2. Auflge., Parey, Berlin.

Fuchswans, E. (1998): Pets as Therapy – Experiences in pet – supported Therapy in Geriatrics.
The Changing roles of animals in society. 8th International Conference on Human – Animal – Interactions. Abstract Book, p. 144.

Grahovac, U. (1993): Strukturanalyse zum Ausbildungskonzept des Blindenführhundes unter lernbiologischen Aspelten. Diplomarbeit, Universität Kiel.

Grahovac, U. (1998): Verhaltensbeziehungen zwischen blinden Menschen und ihren Führhunden. Dissertation, Humboldt – Universität Berlin.

Gray, J.A. (1982): The neuropsychology of anxiety. Oxford, University Press, New York.

Griffin, D.R. (1985): Wie Tiere denken: Ein Vorstoß ins Bewußtsein der Tiere. Übers. von Walther, BLV, München.

Hassenstein, B. (1980): Instinkt, Lernen, Spielen, Einsicht. Einführung in die Verhaltensbiologie. Piper & Co., München.

Hassenstein, B. (1992): Klugheit. Zur Natur unserer geistigen Fähigkeiten. R. Piper GmbH & Co. KG, München.

Hassenstein, B. (1994): Aggressives Verhalten: Seine Natur und seine Beherrschung. In: Verhalten, Informationswechsel und organismische Evolution. Zu Person und Wirken Günter Tembrocks. Hrsg. Wessel, K.F. und F. Naumann. Berliner Studien zur Wissenschaftsphilosophie & Humanontogenetik, Bd. 7, 161 – 177. Kleine Verlag, Bielefeld.

Heßling, T. (1997): Teletakt – Gerät, Zaubermittel oder Quälerei? Druckerei B. Heimann GmbH, Dinklage.

Hilgard, E.R. & Bower, G.H. (1973): Theorie des Lernens I. 3. Auflge., Klett, Stuttgart.

Immelmann, K. (1982): Wörterbuch der Verhaltensforschung. Parey, Berlin, Hamburg.

Jurna, I. (1981): Schmerzdämpfung durch Opiate – die Spinalanalgesie. Deutsch. Ärzteblatt 20, 983 – 988.

Jurna, I. (1984): Pharmakologische Grundlagen der Schmerztherapie. Deutsch. Ärzteblatt 18, 1441 – 1447.

Kirschbaum, C. & Hellhammer, D. H. (1993): Salivary Cortisol in Psychoneuroendocrine Research: Recent Developments and Applications. Psychneuroendocrinology 19, 313 – 333.

Knol, B.W.; Dielemann, S.J.; Bevers, M.M.; van den Brom, W.E.; Molt, J.A. (1992): Effects of methods used for blood collection on plasma concentrations of luteinising hormone, testosterone, and cortisol in male dogs. The Veterinary Quarterly, 14, 126 – 128.

Kraft, W. (1981): Gutachten über die Verwendung sog. Teletakt – Geräte bei der Hundeabrichtung.

Leyhausen, P. (1967): Die phylogenetische Anpassung von Ausdruck und Eindruck. In: Biologie von Ausdruck und Eindruck. Psychologische Forschung 31, 157 – 173.

Loeffler, K. (1993): Schmerz und Angst bei Tieren. Dtsch. Tierärztl. Wochenschr. 7, 100.

Manser, C.E. (1992): The assessment of stress in laboratory animals. RSPCA, Horsham.

Masson, J. (1997): Dogs never lie about love. Reflections on the emotional world of dogs. Jonathan Cape, London.

Lefrancois, G.R. (1986): Psychologie des Lernens 2, vollk. überarbeitete und ergänzte Auflge., Springer, Berlin.

Lorenz, K. (1959): Gestaltwahrnehmung als Quelle wissenschaftlicher Erkenntnis. Z. exp. angew.Psychologie 4, 118 – 165.

Maynard Smith, J. (1974): The theory of games and the evolution of animal conflicts. J. theor. Biol. 47, 209 – 221.

Mench, J.A. & Mason, G.J. (1997): Behaviour. In: Animal Welfare. Appleby, M.C. & Hughes, B.O. (Ed.), Cab International, New York.

Meyer-Holzapfel, M. (1956): Das Spiel bei Säugetieren. Kükenthals Handb. d. Zool. 8 (10), 1 – 36.

Neville, P. (19987): Das Für und Wider von Strafen beim Hundetraining. Tischvorlage anl. der 3. Verhaltenstherapeutischen Gesprächskreise, Schloß Wolfsburg. Nicht publiziert.

Ohl, F. & Fuchs, E. (im Druck.): Memory Performance in Tree Shrews: Effects of Stressful Experiences. Neurosci. & Biobehav. Rev.

Owren, T. & Matre P. – J. (1996): How to organize a behaviour counselling in your practice. Lecture Handout. Gesellschaft für Tierverhaltenstherapie.

Pearce, J.M. (1997): Animal Learning and Cognition. 2nd Edition. Psychology Press, UK.

Polsky, R.H. (1994): Electric Shock Collars: Are they worth the Risks? Journal of the Am. Animal Hosp. Assoc. 30, 463 – 468.

Rensch, B. (1973): Gedächtnis, Begriffsbildung und Planhandlungen bei Tieren. Paul Parey, Berlin und Hamburg.

Reulecke, W. (1990): Sozialbeziehungen bei Pudel-Wolf-Bastarden: Entwicklung und Dynamik. Diss. Universität Kiel.

Rowan, A.N. (1988): Animal anxiety and animal suffering. Appl. Anim. Behav. Sci. 20, 135 – 142.

Sachser, N. (1991): Die Bedeutung der Aufzuchtbedingungen für Verhalten und Physiologie adulter Hausmeerschweinchen. In: Aktuelle Arbeiten zur artgemäßen Tierhaltung 1991, KTBL-Schrift 344, 59 – 69, Darmstadt.

Sambraus, H.H. (1982): Ethologische Grundlagen einer tiergerechten Nutztierhaltung. In: Ethologische Aussagen zur artgerechten Nutztierhaltung. Tierhaltung 13, Birkhäuser, Basel, Boston, Berlin.

Schenkel, R. (1967): Submission: Its Features and Functions in the Wolf and Dog. Am. Zool. 7, 319 - 329.

Schilder, M. B. H. (1995): Welfare Problems in cats and dogs. In: European Society of Veterinary Clinical Ethology (ESVCE). Second Symposium, Braunschweig. Unveröff.

Schmitz, S. (1995): Erfassung von Befindlichkeiten und gestörtem Verhalten bei Tieren. In: Aktuelle Arbeiten zur artgemäßen Tierhaltung, KTBL – Schrift 370.

Schwitzgebel, D. (1991): Behebung von Störungen zwischen Mensch und Hund. Fachtagung zur Mensch – Heimtier – Beziehung, Universität Bern.

Schwitzgebel, D. (1992): Safety Training: Ein komplexes Verfahren in der Verhaltenstherapie beim Hund. Kleintierpraxis 37, 241 – 253.

Schwitzgebel, D: (1995): Kriterien zum tiergerechten Einsatz elektrisierender Trainingsgeräte, des Ultraschallgerätes „Dazer" und des Duftstoffgerätes „Bellstop" beim Hund. Gutachten für BVET.

Sinz, R. (1974): Lernen und Gedächtnis. Fischer, Stuttgart.

Skinner, B.F. (1958): The Behavior of Organisms. Appleton-Century-Crofts, New York.

Spaemann, R., zit. von Wehowsky, S. (1991): Und sie lesen in unseren Gedanken. FAZ, 272.

Stauffacher, M. (1993): Angst bei Tieren – ein zoologisches und ein forensisches Problem. Dtsch. tierärztl. Wschr. 100, 301 – 340.

Stephan, E. (1991): Gutachten zu den Wirkungen eines Teletaktgerätes.

Tembrock, G. (1982): Spezielle Verhaltensbiologie der Tiere. Bd. I und II. Gustav Fischer, Jena.

Teuchert-Noodt, G. (1994): Zur Neurobiologie der Leidensfähigkeit bei Tieren und dem Menschen. Tierärztl.Umschau 9, 548 – 552.

Teuchert-Noodt, G. (1996): Neuropsychologie von Labortieren: Funktionale und dysfunktionale Reorganisation im Cortex von Nagern nach sensorischer und haltungsbedingter Deprivation im Experiment. Tierärztl. Umschau 51, 162 – 171.

Tortora, D.F. (1983 a): Safety Training: The Elimination of Avoidance – Motivated Aggression in Dogs. Journal of Experimental Psychology, 2, 176 – 214.

Tortora, D.F. (1983 b): Safety Training: The Elimination of Avoidance Motivated Aggression in Dogs. California Veterinarian 9, 15 – 19.

Tschanz, B. (1982): Verhalten, Bedarfsdeckung und Schadensvermeidung bei Tieren. Nutztierkommission Schweizer Tierschutz / Internationale Gesellschaft für Nutztierhaltung (IGN), 9 – 13.

Tschanz, B. (1993): Erkennen und Beurteilen von Verhaltensstörungen mit Bezugnahme auf das Bedarfs – Konzept. In: Leiden und Verhaltensstörungen bei Tieren. Tierhaltung 23, 65 – 76, Birkhäuser, Basel, Boston, Berlin.

Tschanz, B. (1995): Erfaßbarkeit von Befindlichkeiten bei Tieren. In: Aktuelle Arbeiten zur artgemäßen Tierhaltung, KTBL – Schrift 370, 20 – 30.

Vincent, I.C. & Michell A.R. (1992): Comparison of cortisol concentrations in saliva and plasma of dogs. Research in Veterinary Science 53, 342 – 345.

Von Holst, D. (1977): Social stress in tree-shrews problems, results and goals. Journal of Comparative Physiology 120, 71 – 86.

Wechsler, B. (1993): Verhaltensstörungen und Wohlbefinden: ethologische Überlegungen. In: Leiden und Verhaltensstörungen bei Tieren. Tierhaltung 23, 50 – 64, Birkhäuser, Basel, Boston, Berlin.

Wiepkema, P.R. (1989): Ein biologisches Modell von Verhaltenssystemen. In: Aktuelle Arbeiten zur artgemäßen Tierhaltung, KTBL-Schrift 264, 15 – 23, Darmstadt.

Wolff, J.R. (1982): Morphogenetische Aspekte der Hirnentwicklung. In: Immelmann, K., Petrovich, G.W., Maine, M. (ed.), Verhaltenselemente bei Mensch und Tier. Parey, Berlin, Hamburg, 282 – 307.

Wolff, M. (1993): Kann man Leiden von Tieren naturwissenschaftlich erfassen? In: Leiden und Verhaltensstörungen bei Tieren. Tierhaltung 23, 8 – 27, Birkhäuser, Basel, Boston, Berlin.

Zimen, E. (1971): Wölfe und Königspudel. Diss. Universität Kiel.

Dr. Dorit Urd Feddersen-Petersen